재외선거의 두 얼굴

재외선거의 두 얼굴

송기원 지음

추천의 글

오랜 만에 송기원 국장님의 정겨우면서도 절제된 목소리가 핸드폰 너머로 들린다. MBC 방송사의 국장으로 바쁘실 텐데, 틈틈이 책을 쓰셨단다. 교수인 저도 책을 쓴 지 3년이 지났다는 생각에 마음이 뜨끔하다. 또한 송 국장님이 다른 것도 아닌 재외선거에 대한 것을 쓰셨다니 선거를 전공하는 저로서는 어떻게 쓰셨을까 하는 궁금증이 이는 한편, 막강한 경쟁자가 하나 더 늘었다는 부담감까지 느껴진다. 그래도 우리 인연이 선거 때문에 계속 이어진다고 생각한다. 저는 송 국장님을 미국에서 한국과 대만의 선거에 관한 박사학위 논문을 쓸 때인 2000년에 만난 뒤, 2012년 MBC에서 국회의원 선거 개표방송을 함께 진행했다. 또 이 책으로 인해 우리 인연이 더욱 풍성해질 것이다.

이 책은 한마디로 재외선거 제도와 실제에 대한 모든 것을 다룬다. 이 책에는 한국에서 과거 1967년과 1971년 재외선거가 실시되었다가 2012년에 부활하게 된 역사와 배경은 물론 새로운 재외선거의 제도적 특징, 실제 결과, 평가, 한계, 개선 과제 및 전망 등이 총망라되어 있다. 이 책의 내용은 더러 학술적으로 또 한편으로는 저널리스트적으로 기술되어 있어 그리 어렵지 않다. 더욱이 다소 딱딱할 수 있는 주제를 흥미롭게 전달하고, 다소 오래된 재외투표 결과를 눈앞에 벌어지듯이 생생하게 느끼게 만든다. 실제로 재외선거관이나 특파원들을 통해서 얻을 수 있는 생생한 정보를 제공할 때는 저로서는 도저히 경쟁할 수 없는 지경이라고 느꼈다. 이 책을 읽으며, 선거를 전공하는 저로서도 모르고 넘어갔던 것을 구체적으로 알게 하는 매력을 발견했다. 한마디로 이 책은 재외선거에 관해 관심을 갖는 사람이라면 반드시 읽어야 하는 필독서라고 하겠다.

주지하다시피 재외선거는 재외국민이 선거권과 평등권을 침해받지 않도록 해야 한다는 헌법재판소의 판결에 의해 2012년 국회의원 선거부터 다시 실시되었다. 실제로 7백만 명 이상의 재외동포, 특히 2백만 명을 웃도는 재외국민들이 투표하지 못하는 것은 주권재민과 평등권에 큰 문제가 아닐 수 없다. 이미 전 세계 각국에서 재외선거 제도를 실시하고 있다는 사실을 감안하면, 한국에서 재외선거의 부활은 오히려 때 늦은 감이 없지 않다. 하지만 2012년 국회의원 선거에서 재외투표를 하겠다고 등록한 사람은 전 세계에서 12만 3,571명에 그쳤고, 실제 투표자는 5만 6,456명에 불과했다. 2012년 대통령 선거에서는 22만 2,389명의 등록자 가운데 15만 8,196명만 투표했다.

재외선거는 개인의 투표 참여 비용뿐 아니라 선관위의 선거관리 비용이 막대하다. 그럼에도 불구하고 낮은 투표율로 인해 재외선거가 지나치게 홀대 받은 것은 아닌지 모르겠다. 재외선거는 민주화 이후 곪어 부스럼 격인 제도라는 평도 받는다. 이 책을 읽고 독자들이 모든 유권자가 국민으로서 평등한 선거 참여의 기회를 누릴 수 있도록 해야 한다는 재외선거의 취지를 살려, 앞으로 개선해야 할 방향과 대안이 무엇인지 찾을 수 있기를 기대해본다.

2015년 가을 송도에서
이준한(인천대학교 정치외교학과 교수)

머리말

회사 숙직실 침대에 누워 잠을 청했다. 엎치락뒤치락, 정신은 더욱 말짱해졌다. 도무지 잠이 오지 않을 듯싶었는데, 누군가 부르는 소리에 용수철처럼 뛰어 올랐다. 그 사이 선잠이 들었던 모양이다. 새벽 2시, 방송을 시작했다. 중앙선거관리위원회의 집계 결과와 MBC가 자체 개발한 선택 프로그램이 맞물려 돌아가며 시시각각 새로운 개표 결과를 쏟아냈다. 아나운서로 구성된 낭독조가 개표 결과를 빠르게 읽어갔다. 모든 게 계획대로 되는 것은 아니었다. 생방송으로 진행되는 대통령 선거 개표 방송의 특성상 곳곳에서 차질이 빚어졌다.

그럴 때마다 스튜디오 카메라 탤리의 붉은 빛이 나를 압박했다. 뭔가를 이야기하라고. 새로 들어온 개표 결과를 분석하고, 승부가 박빙이라는 점을 강조하며, 최종 개표 결과를 좀더 지켜봐야 한다고 시청자들에게 이야기했다. 혹시라도 방송사 출구조사 결과가 실제 투표 결과와 달랐을 때를 대비해야 한다는 국장의 지시가 머리를 짓누르고 있었다. 겨울철인데도 등골을 타고 식은땀이 흘러 내렸다. 긴장의 연속이었다. 시간이 어떻게 지나갔는지 모르겠다. 날이 밝고 동이 텄다는 것을 화면을 보면서 알았다.

MBC 선택 프로그램을 가동한 결과, 최종 승자가 방송사 출구 조사와 동일한 후보로 확정됐다는 자막이 화면에 떴다. '당선 확정', 박빙의 승부였다. 드디어 끝났다. 생방송으로 4시간 넘게 방송한 끝에 마침내 스튜디오를 벗어날 수 있었다. 하지만 그건 또 다른 하루의 시작일 뿐이었다. 곧이어 특집 방송이 기다리고 있었다. 오후 3시 대담 프로그램까지 출연해야 했다. 장장 22시간에 걸친 대통령 선거 개표 방송중 10시간을 스튜디오에 앉아 해설자로, 토론의 패널로 방송을 하고 나서야 스튜디오를 빠져 나올 수 있었다. 다른 방송사와의 경쟁에서 압도적으로 이겼다고들 했다. 방송 시간에서나 내용에서나. 그게 선거방송과의 첫 인연이었다. 1997년 12월 19일의 일이다.

그로부터 15년이 흘렀다. 2012년, 총선과 대선이 8개월 사이 연이어 치러진 해였다. 선거방송기획단장을 맡았다. 선거제도는 많이 바뀌어 있었다. SNS를 통한 선거운동이 허용되고, 재외선거 제도가 새로 도입되었다. 회사의 내부 사정상 여러 가지가 어려웠지만, 선거방송을 소홀히 할 수는 없었다. 여론조사 기관과 함께 선거의 흐름을 초반부터 면밀히 관찰했다. 특히 총선에서는 박빙의 선거가 예상된 만큼, 부재자 투표를 어떻게 처리해야 할지가 당시로서는 고민이었다. 보다 정확한 조사와 분석을 위해서는 표본의 어떤 부분도 빠뜨려선 안된다는 결론에 이르렀다. 재외선거도 표본 조사가 가능한지 여부를 살피는 게 어떻겠느냐는 의견도 나왔다. 그 때였다. 재외선거에 관심을 갖게 된 것은.

선거가 끝나자 모든 게 잊혀졌다. 승자와 패자만이 숫자로, 기록으로 남았다. 하물며 재외선거 결과는 우리들의 기억 속에서 빠르게 잊혀져갔다. 저조한 투표율 탓에 재외선거 무용론까지 나왔다. 재외선거 제도상의 어려움을 탓하는 목소리도 있었지만, 큰 흐름 속에서 밀려나 있었다. 참정권을 회복하기 위해 집요하게 도전했던 재외국민의 입장에서 보면 억울하기까지 할 노릇이었다. 누군가 적극적으로 이야기하지 않으면 그들의 권리 찾기는 다시 묻혀 버릴 가능성도 배제할 수 없는 듯했다.

　선거방송에 깊이 관여해 왔으며 미국 특파원과 연구원 생활을 통해 재외국민들의 애환을 듣고 취재한 사람으로서 재외선거를 찬찬히 분석해 보기로 마음먹었다. 더욱이 중앙선관위의 자료도 쉽게 접근할 수 있는 입장 아니었던가? 자료를 모으고 저술을 시작했다. 정치학자가 아닌 입장에서 모든 게 조심스러웠다. 여러 사람의 조언을 구했다. 언론인으로서, 일반인의 시각에서 보다 쉽게 쓸 수 있을 거라는 생각도 들었다. 무모한 저널리스트의 열정으로 여기까지 왔다. 도움을 주신 중앙선거방송토론위원회 이웅용 님 등 여러분께 충심으로 감사드린다.

　쉽게 읽기 힘든 책을 흔쾌히 내준 출판사 가갸날, 그리고 포기하려 할 때마다 기운을 더해 준 아내와 딸, 아들에게 고마움을 전한다.

차 례

추천의 글 4

머리말 6

글을 시작하며 15

01 재외동포와 재외선거 제도

 1. 재외동포 7백만 시대 열리다 22

 2. 재외국민 유권자 223만 명의 힘? 26
    대통령 선거 득표율 100%의 신화 26
    대선, 2백만 표가 당락을 가른다 28

 3. 재외선거의 역사 33
    60, 70년대의 국외 부재자 투표 33
    재외선거의 폐지와 헌법소원 35
    헌법재판소, 재외선거 부활의 발판을 마련하다 40

 4. 재외선거 제도의 도입 45
    개정안의 물꼬가 트이다 45
    재외선거 제도의 골격을 세우다 47

02 19대 총선과 재외선거

1. 19대 총선 재외선거의 지형 52
   19대 총선 재외 선거인 분석 53
   투표 현황 및 투표 용지의 국내 이송 64
   저조한 투표율: 주요국과의 비교 67

2. 비례대표 재외선거 분석 70
   새누리당 1위, 야권 연대에는 뒤져 70
   국내 총선과 재외투표의 차이 73

3. 지역구 재외선거 분석 80
   지역구 재외투표, 민주통합당 압승 81
   재외투표로 총선 승패가 바뀐다? 87
   국외 부재자의 연령 변수를 주목하다 89

4. 여야의 19대 총선 재외선거 평가 93
   새누리당의 평가 93
   민주통합당의 평가 96

03 18대 대선과 재외선거

1. 18대 대선 재외선거의 지형 102

   18대 대선의 지형 102

   재외국민 유권자 분석 104

   재외국민 연령 구성의 특징 112

2. 대선 재외선거 투표 분석 122

   제1야당 후보의 우세 123

   재외선거와 전국 투표의 결과 비교 128

   연령별 투표 성향: 세대 투표 양상 131

3. 설문조사를 통해 본 재외국민 표심 134

4. 여야의 18대 대선 재외선거 평가 142

   새누리당의 평가 142

   민주통합당의 평가 144

5. 2014 재외국민 여론조사 147

   미국 뉴욕, 로스앤젤레스 148

   일본 도쿄 151

   중국 베이징 153

   프랑스 파리 155

6. 재외선거관의 제안 158

　　미국 158

　　일본 160

　　중국 164

　　기타 지역(아시아 3개국, 남미 1개국) 166

04 재외선거 제도의 개선 방향

1. 18대 국회 초기 발의안 172

　　다양한 제안이 쏟아져 나오다 173

　　국회 행정안전위원회의 검토 보고 175

2. 18대 국회 중 · 후반기 발의안 180

　　여야 의원들의 발의안 180

　　국회 정치개혁특위 심의 분석 183

　　18대 국회 공직선거법 개정 내용 194

3. 19대 국회의 입법 제안 197

　　여야 의원들의 발의안 197

　　국회 전문위원의 검토 보고 202

4. 재외선거 제도 개선, 쟁점을 넘어 207

　　여야의 쟁점과 타결 가능성 207

중앙선거관리위원회의 재외선거 개정 의견 211

헌법재판소, 국민투표법 위헌 결정 215

19대 국회 정치개혁특위 개정안의 현주소 218

05 남은 이야기들

1. 남은 이야기, 남은 쟁점 222

재외동포 비례대표제, 해외 선거구 222

온라인 투표는 요원한가? 224

중앙선거관리위원회와 법무부의 고민 227

재외선거의 예산 229

2. 일본이 주는 교훈 232

우편 투표율의 부침 232

부처간의 역할 분담 234

재외선거 정당 활동 235

글을 맺으며 237

부록

참고문헌 246

설문조사 249

일러두기
1. 재외국민 유권자는 재외선거인과 국외 부재자로 구분한다. 재외선거인은 해외에서 거주할 목적으로 다른 나라의 영주권을 받아 주민등록이 말소되고 국내 거소 신고를 하지 않은 이들을 통칭한다. 국외 부재자는 유학생, 상사원, 주재원처럼 주민등록을 유지하며 일시적으로 국외에 머물거나 다른 나라의 영주권을 받아 주민등록이 말소되었지만 국내 거소 신고를 한 사람을 일컫는다.

2. 재외국민이 국외에서 투표하려면 국외 부재자는 신고, 재외선거인은 신청 절차를 밟아 재외선거인 명부에 등재되어야 한다. 신고, 신청의 의미를 '접수'로 표기하기도 하였다.

3. 숫자는 한 자리 수까지 가급적 생략하지 않고 기재하는 것을 원칙으로 삼았다. 다만 %는 소수점 아래 한 자리까지만 표기하였다.

4. 정당 명칭과 직함은 당시의 상황을 반영하였다.

5. 지역별 표기는 중앙선거관리위원회의 분류와 표기 기준을 따랐다.

6. 재외투표와 구분하기 위해 전체 선거를 국내 또는 전국 투표라고 표기하기도 하였다.

7. 저술 종료 시점은 2015년 8월 중순으로 삼았다.

글을 시작하며

1999년부터 2000년, 2003년부터 2006년까지 두 차례 해외에 거주할 기회를 가졌다. 1년 동안은 초청 연구원 자격으로 미국 중동부 미시건 주에 살면서 대학 수업을 들었고, 또 한 번은 언론사 특파원으로 3년 6개월 가량 캘리포니아에 살면서 미국을 취재하였다. 길지 않은 기간이지만 이슈를 찾아다니는 직업의 특성상, 미국의 속내를 들여다볼 수 있는 소중한 기회를 가질 수 있었다.

우리가 사는 대한민국과 마찬가지로, 미국도 사람 사는 곳이다. 세계적인 경제대국이지만 모두가 부자는 아니다. 대도시 한복판은 내로라하는 다국적기업들이 하늘을 가릴 듯 위용을 뽐내고 있지만, 그 한쪽에서는 노숙자들이 손을 내민다. 빈부의 차이만큼 다양한 인종이 모여 사는 곳이 미국이다. 인종의 용광로라는 미국에서 한국을 포함한 아시아 사람들이 점점 보폭을 넓혀가고 있다. 모국을 떠나 미국에 둥지를 튼 한국 동포들도 그 중의 하나다. 이민 백년이 지나면서 재미동포 수가 2백만 명을 넘어섰다. 글로벌 시대의 그들 이야기는 더 이상 먼 나라, 남의 땅에서 벌어지는 타인들의 이야기가 아니다.

내가 만난 한국 동포 가운데는 영어와 한국어가 유창하고, 미국 사회 어느 계층과 비교해도 부끄럽지 않을 정도로 실력과 재력을 갖춘 이들이 많았다. 양당제가 정착된 미국인지라 공화당 지지와 민주당 지지

의사를 확연히 드러내는 이들도 적지 않았다. 능력 있는 동포들도 또는 하루종일 생업에 매달리며 고단한 삶을 꾸려가는 서민층도, 한가지 공통점이 있었다. 모국에 대한 무한한 관심과 애정이었다. 다른 대화를 나누다가도 종착점은 늘 '대한민국'이었다. 생활의 터전인 미국 사회보다는 두고 온 모국의 어제와 오늘이 그들에게는 더 애차이 가는 듯히였다. 동포 사회의 이런 관심은 모국에 관심사가 있을 때마다 집단적으로 분출되었다.

현지에서 열리는 모국의 대형 스포츠 이벤트 때는 더욱 그랬다. 세계야구대회 한일전이 열리던 날, 미국 서부 샌디에이고 야구장 관중석은 코리아타운을 방불케 하였다. 태극기 물결이 장관을 이루었다, 일장기는 찾아볼 수 없었다. 한국 축구 국가대표팀이 연습경기차 방문해도, 로스앤젤레스 축구 경기장은 한국인들로 만원을 이루었다. 유럽에서 열리는 월드컵 축구 경기 때도, 그들은 로스앤젤레스의 코리아타운에 모여 집단 응원전을 펼쳤다. 경기가 열리기 수시간 전부터, 태극기로 온몸을 감싸고 얼굴에 태극 문양을 새긴 한국인들이 어디서인지 끝없이 몰려들어 외국인들의 눈길을 사로잡았다. 그들 미국 속의 한국인들이 경기에 나선 우리 선수들의 일거수일투족을 커다란 텔레비전 화면으로 응시하며 '대한민국'을 외치는 순간, 그들은 더 이상 미국 땅의 이방인이 아니라 한국인으로서의 동질성을 느끼는 듯하였다.

하지만 재외국민의 수가 늘면서 매사에 그렇게 공통의 정서를 느끼기는 어려워 보였다. 국내에서 발생한 민감한 사안에 대해서는 진보와 보수로 갈려 충돌하는 상황이 종종 빚어졌다. 2000년대 초반만 해도 황우석 교수 사태 같은 비정치적인 현안을 둘러싸고 의견 대립하는 모습을 보이더니, 점점 정치적인 이슈로까지 확산되어 보혁간 대립과 갈등을 빛는 사태가 늘어갔다.

'국가기관의 대선 개입 의혹'과 '통진당 이석기 의원 구속' 같은 이슈는 해외에서 진보와 보수가 대립한 대표적인 사례로 꼽힌다. 한국 외교기관 앞에서 진보와 보수로 맞서 시위를 벌이다 물리적인 충돌을 빚어 현지 경찰이 출동하는 상황까지 발생하였다.

세월호 참사를 두고도 미국 동포 사회에 마찰이 빚어졌다. 한쪽에서는 《뉴욕타임스》를 통해 한국 정부를 비판하는 광고를 냈고, 다른 한편에서는 "일부 종북 세력이 세월호 참사를 악용해 신문 광고로 동포 사회의 분열을 조장하고 있다"며 '세월호 문제를 정치적으로 악용하는 좌파 세력을 규탄한다'는 제목의 성명서를 내기도 하였다.(《조선일보》, 2014년 5월 16일)

일련의 움직임 속에서 우리가 주목할 것은, 한인 사회를 포함한 해외 동포들의 목소리나 표현 방식이 보다 직설적이고 적극적인 방식으로 바뀌고 있다는 점이다. 이 같은 변화가 반드시 부정적인 것만은 아니다. 해외 동포 사회가 규모나 질적인 면에서 자신들의 목소리를 낼 수 있을 만큼 성장하였다는 사실을 보여주는 반증이기도 하다. 그들이 이제 먹고 사는 문제를 넘어, 모국과 거주국의 정치에 대해 의견을 표시할 수 있을 만큼 여유를 갖게 되었다는 해석도 가능할 것이다.

이런 점에서, 그들의 정치적 목소리를 제대로 담아낼 수 있는 그릇이 필요하다는 사실을 우리는 인정하지 않을 수 없다. 같은 맥락에서 해외동포들에게 참정권을 인정한 것은 뜻깊은 일이다. 그들의 모국에 대한 관심과 이해를 긍정적으로 활용할 수 있다면 대한민국은 또 다른 추동력을 갖게 될 것이다. 그들이 거주지에서 보여주는 모국에 대한 관심과 애정 또한 우리 정부를 지원하는 제3의 힘으로 작용할 수 있다.

최근 미국 메릴랜드 재미동포들이 일궈낸 '미국 교과서 동해 표기 변경'은 그 대표적인 사례로 평가할 수 있다. 그들은 주 의회 의원들을 설득해, 미국 고교 교과서 속의 '일본해' 라는 표기에 '동해'를 병기하도록 만들었다. 우리 정부나 외교공관이 할 수 없던 일을 재미동포 사회가 정치적 역량을 발휘해 정책 변경을 이끌어 낼 만큼, 그들의 목소리는 커져 있었던 것이다.

이처럼 목소리를 키우며 전 세계 곳곳에 흩어져 사는 한민족 구성원들의 현주소를 짚어 보고, 재외선거에서 보여준 그들의 선택을 분석해 본다. 가능한 한 그들 생각의 공통분모를 추출해 볼 것이다. 통계 숫자로만 머물고 있는 그들의 투표 결과를 풀어 내 이른바 '스토리텔링'을 입혀 보고자 한다.

사실 지난 두 차례 재외선거는 2백만 명을 웃도는 재외국민 유권자 수로 인해 국내에서도 각별한 주목을 받았다. 특히 18대 대선의 경우 캐스팅 보트 역할을 할 수 있다는 점 때문에 중요성이 더욱 부각되었다. 하지만 두 차례 재외투표의 참여율이 예상을 크게 밑돌자 예산 낭비라는 비판이 쏟아져 나왔다. 재외선거 결과에 대한 국내의 관심도 급속히 식어갔다. 투표를 한 재외국민들은 자신들의 선거 결과를 찬찬히 뜯어 볼 기회조차 갖지 못하였다. 선거 전까지만 해도 재외동포 사회에 깊은 관심을 보였던 정치권도 더 이상 재외선거에 눈길을 주지 않았다. 투표율 저조가 재외투표 제도 탓이라는 지적도 쑥 들어갔다. 누군가 그들의 목소리를 찾아주지 않으면, 그들의 선택은 가치를 잃고 공허한 메아

리로 남을 처지에 놓였다. 당시 선거를 지켜본 언론인으로서 이 글을 쓰게 된 동기다.

재외동포들의 투표 성향과 재외선거 제도에 대한 나름의 논점을 제시하고, 이를 확인해 보는 방식으로 저술을 진행하였다. 취재와 연수차 해외에 머물며 만난 재외동포들의 연령이나 체류 형태에 따른 성향과 특성을 논의의 출발점으로 삼았다. 논점을 검증하는 과정에서 중앙선거관리위원회가 제공하는 선거 결과에 절대적으로 의존했음을 인정한다. 중앙선관위를 통하지 않고서는 자료 접근을 할 수 없다는 점에서, 제약이 많다는 점도 고백하지 않을 수 없다. 물론 자의적인 분석도 적지 않을 것이다. 향후 뒤따를 지적과 질책을 겸허히 수용할 것이다.

논점1. 재외국민은 국내 유권자에 비해 야당 지지 성향이 높다.
논점2. 재외선거인은 국외 부재자에 비해 여당 지지 성향이 강하다.
논점3. 국내 유권자와 같은 연고지를 가진 재외국민의 투표 결과가 항상 일치하지는 않는다.
논점4. 재외국민 투표에서도 연고지를 둘러싼 지역감정은 존재한다.
논점5. 재외국민 가운데 젊은 층은 대체로 야당을 선호한다.
논점6. 재외국민 가운데 50대 이상은 대체로 여당을 선호한다.

이 같은 6개의 논점을 입증하기 위해 19대 총선과 18대 대선의 재외선거를 분석해 볼 것이다. 두 차례 재외선거의 투표율이 낮아 모집단이 작은 만큼, 신뢰도를 크게 부여할 수 없다는 지적이 있을 수 있다. 그렇지만 표본의 크기가 작은 반면 다양하다는 이점이 있다. 그만큼 투표 성향을 보다 세심하게 짚어 볼 수 있는 것이다. 선관위의 개표는 재외선거가 이루어진 국가나 지역별로 행해진 것이 아니라, 국내 연고지로 재분류되어 개표되었다. 따라서 추적 분석을 할 수 없었다는 점은 아쉬움으로 남는다.

01

재외동포와 재외선거 제도

1. 재외동포 7백만 시대 열리다

해외로 진출한 대한민국의 재외동포는 7백만 명을 넘어섰다. 외교부가 2년마다 내용을 수정하고 있는 재외동포 현황 2013년도 판에 따르면, 재외동포는 2007년을 기점으로 7백만 명을 넘어섰다. 2005년보다 40만 3,346명이 늘면서 704만 1,684명을 기록해 재외동포 7백만 명 시대를 열었다.

2009년의 재외동포 숫자는 682만 2,606명으로 2년 전보다 21만 명 줄었다. 그러다 2011년 5% 이상의 증가세를 보이며 재외국민 7백만 명 시대를 다시 열었다. 2013년 현황조사에서는 약간의 감소세를 보였다. 하지만 701만 2,492명으로 7백 만 명을 여전히 웃돌고 있다.

지역별로 보면 중국 거주 동포가 257만 3,928명으로 가장 많고, 미국 209만 1,432명, 일본 89만 2,704 명, 캐나다 20만 5,993명, 러시아 17만 6,411명, 우즈베키스탄 17만 3,832명, 오스트레일리아 15만 6,865명, 카자흐스탄 10만 5,483명의 순이다. 거주하는 나라는 전 세계 181개국에 이른다.(외교부,《2013 재외동포 현황》, 40쪽)

이 같은 재외동포의 숫자는 5천만 명을 웃도는 남한 인구를 기준으로 14%에 해당한다. 전 세계적으로 따져 봐도, 대한민국의 재외동포 수는 세계 10위권 안에 들 만큼 규모가 크다.

이주동포정책연구소에 따르면 세계에서 재외동포가 가장 많은 나라는 이탈리아로 5천만 명에서 6천만 명에 이르는 것으로 추산된다. 뒤를 이어 중국이 3,700만 명, 인도 2,600만 명, 우크라이나 2천만 명, 멕시코 1,800만 명, 레바논 1,200~1,400만 명, 이스라엘 782만 명 수준이다. 대한민국은 이스라엘에 이어 세계 8위의 재외동포 배출국이다. 고대 이래로 정착 생활을 해온 농경민족이라는 말이 선뜻 이해되지 않을 정도로, 한민족 디아스포라(이산)는 광범위하고 뿌리 깊다.

한민족 디아스포라의 역사는 1860년대로 거슬러 올라간다. 대흉년으로 한반도 북부 지방에 살던 사람들이 러시아 연해주와 중국 만주로 이주한 것이 시발점이 되었다. 20세기에 접어들면서 하와이 등지로 노동 이민이 시작되었고, 한일합방 후에는 일본으로 이주하는 사람이 늘어났다. 150여 년의 길지 않은 한인 이민사에 비추어 보면, 이민자의 수는 놀랄 만한 규모다. 이것은 일제의 침탈과 한국전쟁을 비롯한 굴곡진 우리 역사와 무관치 않다.

이들 모두가 한국 국적을 갖고 살아가는 것은 아니다. 한국 국적을 포기하고 제2의 고국을 선택한 이들은 생각보다 많다. 2013년 기준으로 전체 재외국민의 62.8%인 440만 1,816명이 외국 국적을 취득해 또 다른 뿌리를 내리며 살아가고 있다.

정부가 재외동포 현황에 중국 동포와 독립국가연합 동포를 포함시킨 것은 1991년부터다. 2003년부터는 재일동포 귀화자도 재외동포로 분류하였다. 그 이전까지만 해도 그들은 모국을 등진 이방인으로 분류되어 왔다.

재외동포 모두가 재외선거의 유권자가 되는 것은 아니다. 재외동포와 유권자의 개념 차이를 짚어보자. 재외동포란 대한민국 국적을 포기한 고려인, 조선족 등 한국계 외국 국적자를 포함해 영주권자, 일반 체류자, 유학생 등 재외국민을 아우르는 개념이다. 재외국민은 보다 협의의 개념으로 외국 국적자를 제외한 영주권자와 일반 체류자, 유학생을 의미한다.

2013년 기준으로 재외국민은 261만 676명이다. 전체 재외동포의 37.2%가 재외국민이다. 재외국민 가운데 현지 영주권자는 112만 2,161명, 상사원. 주재원 등 일반 체류자는 119만 1,758명, 유학생은 29만 6,757명이다. 구성비로 보면 일반 체류자가 46%로 가장 많고 영주권자는 43%, 유학생은 11%를 차지한다. 2011년 재외동포 현황과 비교해 보면 유학생은 3만 3천 명, 영주권자는 2만 6천 명 가량 줄고, 일반 체류자는 12만 명 남짓 늘었다.

2012년 치러진 19대 총선과 18대 대선의 재외선거는, 외교부가 2011년 작성한 재외동포 현황을 토대로 중앙선관위가 유권자를 분류하였다. 이 현황에 따르면 2010년 말을 기준으로 외국에 거주하는 재외동포는 726만 8,711명이며, 그 가운데 재외국민은 279만 6,024명이다. 중앙선관위는 국내선거에서 인구대비 선거인수 비율이 17대 대통령 선거는 76.5%, 19대 국회의원 선거는 79.3%였던 점을 감안해, 2012년 양대 재외선거의 추정 재외선거권자 수를 재외국민 수의 80%로 산정하였다고 밝혔다. 이론적으로 보면, 재외국민 223만 6,819명이 2012년 선거에

참여할 것이라고 판단하였다.(중앙선관위, 《2012년 양대 재외선거 백서》, 47쪽)

참고로 재외선거권자란 공직선거법에 규정된 결격 사유가 없고 외국에서 투표하려는 19세 이상 대한민국 국민을 의미한다. 이들 재외국민을 세분하면, 국내에서 주민등록을 유지하며 일시적으로 국외에 체류하는 경우와 다른 나라의 영주권을 갖고 있어서 주민등록이 말소됐지만 국내 거소신고를 한 국민(이하 '국외 부재자'로 표현함), 다른 나라에 거주할 목적으로 그 나라의 영주권을 취득해 주민등록이 말소되고 국내 거소신고도 하지 않은 국민(이하 '재외선거인'으로 표현)으로 분류할 수 있다.

이들 모두 대통령 선거를 할 수는 있지만, 재외선거인과 국외 부재자 가운데 국내 거소 신고자는 재외선거시 임기 만료 비례대표 국회의원 선거만 할 수 있고, 지역구 국회의원 선거는 할 수 없다.

2. 재외국민 유권자 223만 명의 힘?

대통령 선거 득표율 100%의 신화

대한민국 대통령 선거 역사상 최고 지지도는 얼마일까? 100%라면 믿을 수 있겠는가? 여느 민주국가에서 찾아보기 힘든 득표율 100%는 우리 헌정사에서 한 차례만 있었던 것은 아니다. 1960년 3월 15일 치러진 4대 대통령 선거가 바로 그 첫 역사의 현장이다. 선거를 달포 가량 앞둔 1960년 2월 15일, 야당인 민주당의 조병옥 후보가 지병으로 사망하였다. 선거는 자유당 이승만 후보가 단일후보로 출마한 가운데 치러졌다.

정·부통령 선거로 치러진 4대 대선의 관심은 부통령 후보에 집중되었다. 단독으로 입후보한 80대 중반의 이승만 후보 유고시 부통령이 업무를 대행하기 때문이었다. 자유당 이기붕 후보와 민주당 장면 후보가 각각 부통령 후보로 출마하였다.

개표 결과 자유당 후보가 정·부통령 선거에서 모두 압승하였다. 특히 이승만 후보는 유효 투표의 100%를 얻어 당선되었다. 총선거인

1,119만 6,490명 가운데 1,086만 2,272명이 참여해 97%의 투표율을 보인 선거에서, 이승만 후보는 유효 투표의 100%를 차지하였다. 하지만 선거는 부정으로 얼룩진 사실이 드러났다. 유령 유권자를 만들어 내고 반공개로 투표하는가 하면 대리 투표까지 갖가지 편법이 횡행한 사실이 폭로되었다. 훗날의 역사는 이를 3·15 부정 선거로 규정하고 있다.

이렇게 치러진 4대 대선은 4·19 혁명으로 무효가 되었다. 이승만은 대통령직에서 하야하고 망명길에 오른 뒤, 더 이상 고국 땅을 밟지 못하였다. 4개월 뒤인 1960년 8월 12일, 4대 대통령 선거가 다시 치러졌다. 국회에서 선출하는 방식으로, 간접 선거로 치러진 대선에서 윤보선 후보가 압도적인 지지를 받고 대통령에 당선되었다.

우리 헌정사에서 간접 선거로 치러진 대통령 선거는, 아주 높은 득표율을 기록하였다는 공통점을 갖고 있다. 두 번째 100% 득표는, 1972년 12월 23일 치러진 8대 대통령 선거에서 나왔다. 유신헌법에 따라 통일주체국민회의 대의원들의 간접 선거로 치러진 선거였다. 박정희 후보는 선거인 수 2,359명 가운데 무효표 2표를 제외한 유효 투표 2,357표 모두를 차지해 만장일치로 대통령에 당선되었다.

당시의 상황을 한 잡지는 이렇게 기록하고 있다.

1972년 10월 17일 박정희 대통령은 특별선언을 발표, 전국에 계엄령을 선포하고 국회를 해산하는 등 헌정을 중단하였다. 10·17선언으로 국회를 해산한 박 대통령은 국회의 권한을 대신한 비상 국무회의에서 대통령의 권한을 강화하는 것을 골자로 한 헌법개정안을 마련하였다. 유신헌법이었다. 유신헌법에 따르면 대통령은 통일주체국민회의에서 간접선거로 선출되고, 임기는 연임 제한이 없는 6년으로 하며, 긴급조치권과 국회해산권 등 절대 권력을 행사할 수 있다.

사실상 종신 대통령의 길을 열어 놓은 이 헌법 개정안은 11월 21일 국민투표에 부쳐져 투표율 91.9%, 찬성률 91.5%로 통과되었다. 박정희 대통령은 바로 이 헌법에 의거해, 통일주체국민회의를 통해 임기 6년의 제8대 대통령에 선출돼 취임하였다.(《월간조선》, 2015년 1월호 부록, 《대한민국을 바꾼 70대 사건》, 45쪽)

중앙선관위는 위의 두 차례 대선만 득표율 100%로 기록하고 있다. 그러나 기권과 무효표를 제외한 유효투표 수를 기준으로 삼으면 상황은 달라진다. 1978년 7월에 박정희 후보는 6년 전과 같은 방식으로 치러진 9대 대통령 선거에서 다시 유효투표의 100% 득표를 얻어 당선되었다. 박정희 후보에 이어 1979년 12월의 10대 대선에서 최규하 후보, 1980년 8월의 11대 대선에서 전두환 후보가, 각각 통일주체국민회의 선출 방식의 간접 선거로 유효투표의 100% 지지를 받고 당선되었다. 이처럼 우리 역사상 대통령 선거 득표율 100%의 신화는 5차례 직·간접선거에서 기록되었다. 5차례 선거 모두 단일 후보가 출마해 치러진 선거였다.

대선, 2백만 표가 당락을 가른다

대통령 선거가 간접 선거제도에서 직접 선거제도로 바뀌면서 상황은 크게 달라졌다. 압도적인 표 차이가 아니라, 아주 근소한 차이로 후보가 결정되는 사례가 빈번해졌다. 직접 선거로 치러진 역대 대통령 선거 가운데 가장 근소한 표 차이는 얼마일까? 일반적으로 15대 대통령 선거나 16대 대통령 선거가 근소한 차이로 당락이 결정된 사례일 것으로 기억하지만 사실은 그렇지 않다.

1963년 10월의 5대 대통령 선거에서 가장 근소한 표 차이로 승부가 갈렸다. 당선자와 차점자의 득표율 차이는 1.5%였다. 전체 유권자의 85.4%가 투표에 참여한 가운데 민주공화당 박정희 후보는 46.6%, 민정당 윤보선 후보는 45.1%를 득표해 간발의 차이로 당락이 결정되었다. 득표 수로는 박정희 후보가 470만 2,640표를 얻었고 윤보선 후보는 454만 6,614표를 받았다. 15만 6,026표 차이가 두 후보의 운명을 갈랐다.

5대 대통령 선거는, 1961년 5월 16일의 쿠데타 이후 군사정부가 민정 이양을 선언하였다가 1963년 3월에 민정 이양을 취소한 뒤, 미국의 압력이 거세지자 다시 이를 철회하고 6개월 만에 치른 선거였다. 한쪽은 민주공화당 박정희 후보로 결집한 반면, 상대 진영은 민정당 윤보선, 추풍회 오재영, 정민회 변영태 후보 등 6명이 난립한 상태로 치러졌다. 6명의 후보 가운데 자유민주당 송요찬 후보와 국민의 당 허정 후보는 중도 하차하였지만, 막판까지 박정희 후보와 다른 4명이 접전을 벌인 선거였다.

결과는 박정희 후보의 승리였다. 후보 단일화에 성공하지 못한 상대 진영에서는 두고두고 아쉬울 수밖에 없는 승부였다. 그도 그럴 것이, 추풍회 오재영 후보는 4.1%, 정민회 변영태 후보는 2.2%, 신흥당 장이석 후보는 2.0%의 지지율을 얻어, 만약 후보가 단일화되었다면 박정희 후보를 압도할 수 있었기 때문이다. 윤보선 후보 진영은 선거 중반까지 박정희 후보의 사상 문제를 집중 제기해 기세를 올렸지만, 막판 역풍에 밀려 패배하였다. 군정으로서는 문자 그대로 '신승'이었다.

민주화 시기를 거쳐 1997년 12월 치러진 15대 대통령 선거는 또 한 번의 극적인 승부로 기록된다. 새정치국민회의 김대중 후보는 40.3%의 득표율을 기록해 38.7%에 그친 한나라당 이회창 후보를 1.6% 차이로 누르고 대통령에 당선되었다. 이회창 후보에 이어 국민신당 이인제 후보가 19.2%, 건설국민승리21 권영길 후보가 1.2%를 각각 득표하였다. 15대 대선 투표율은 80.7%로 2,604만 2,633명이 투표에 참여하였는데 39만 557표가 당락을 갈랐다.

2002년 12월 19일 치러진 16대 대통령 선거 역시 숨 가쁜 승부였다. 새천년민주당 노무현 후보는 48.9%를 득표해, 46.6%를 얻은 한나라당 이회창 후보를 2.3% 차이로 누르고 당선되었다. 민주노동당 권영길 후보는 3.9%를 득표하였다. 당시 전국 투표율은 70.8%였다. 57만 980표가 승부를 가른 선거였다. 이회창 후보는 연거푸 두 차례 근소한 표 차이로 고배를 마셨다.

역대 대통령 선거 때 당선자와 차점자의 득표 차이를 짚어 보면, 우리 역사에서 직접 선거가 얼마나 치열하게 치러졌는지 확인할 수 있다. 60년대 이후 직선제로 치러진 대통령 선거 가운데, 한 차례를 제외하고 모든 대선이 2백만 표 이하에서 승부가 결정되었다.(표1 참조)

좀더 구체적으로 살펴보면, 박정희 후보와 윤보선 후보가 1963년에 이어 다시 맞붙은 1967년 5월의 6대 대통령 선거는 116만여 표, 1971년 4월 민주공화당 박정희 후보와 신민당 김대중 후보가 맞붙은 7대 대통령 선거는 94만여 표 차이로 승부가 갈렸다.

표1　　　　　역대 대선 당선자와 차점자의 득표 차이　　(단위: 표, %)

구분	유효 투표수	당선자 득표수 (비율)	차점자 득표수 (비율)	표차
5대	10,081,198	박정희 4,702,640 (46.6)	윤보선 4,546,614 (45.1)	156,206 (1.5)
6대	11,058,721	박정희 5,688,666 (51.4)	윤보선 4,526,541 (40.9)	1,162,125 (10.5)
7대	11,923,218	박정희 6,342,828 (53.2)	김대중 5,395,900 (45.3)	946,928 (7.9)
13대	22,603,411	노태우 8,282,738 (36.6)	김영삼 6,337,581 (28.0)	1,945,157 (8.6)
14대	23,775,409	김영삼 9,977,332 (42.0)	김대중 8,041,284 (33.8)	1,936,048 (8.2)
15대	25,642,438	김대중 10,326,275 (40.3)	이회창 9,935,718 (38.7)	390,557 (1.6)
16대	24,561,916	노무현 12,014,277 (48.9)	이회창 11,443,297 (46.6)	570,980 (2.3)
17대	23,612,880	이명박 11,492,389 (48.7)	정동영 6,174,681 (26.1)	5,317,708 (22.6)
18대	30,594,621	박근혜 15,773,128 (51.6)	문재인 14,692,632 (48.0)	1,080,496 (3.6)

* 중앙선거관리위원회,《제18대 대통령 선거 총람》, 310쪽.

　　야권이 후보 단일화에 실패한 상태에서 여권의 노태우 후보와 야당의 김영삼 후보가 1, 2위를 차지한 1987년의 13대 대통령 선거는 194만여 표, 민주자유당 김영삼 후보와 민주당 김대중 후보가 여야 후보로 맞붙은 1992년의 14대 대통령 선거는 193만여 표 차이로 승부가 났다. 박근혜 후보와 문재인 후보가 출마한 2012년 18대 대선 역시 108만여 표 차이로 당락이 결정되었다.

이명박 후보와 정동영 후보가 맞붙은 2007년의 17대 대선만이 예외다. 지난 1963년 이후 치러진 9차례 대선 가운데 17대 대선을 제외한 8번의 대선에서, 90만 표에서 2백만 표 차이로 승부가 결정되었다.

시대가 흐르면서 대통령 선거에서 유권자의 규모는 빠른 속도로 증가하였다. 2012년 치러진 18대 대통령 선거의 유권자 수는 3천만 명을 뛰어 넘었다. 이 가운데는 223만여 명의 재외국민 유권자도 포함되어 있다.

우리 역사상 9번의 대선 가운데 8번이 2백만 표 이하로 승부가 갈렸고, 재외국민 유권자가 2백만 명을 웃도는 시대에 접어든 현실은 무엇을 말하는가? 산술적으로 보면 재외국민 투표가 대통령 후보의 당락을 좌우할 수 있다는 사실을 보여 준다.

이론적으로 보면 재외국민의 힘은 그렇게 커져 있는 것이다. 하지만 실제로 그들 재외국민들의 힘은 적어도 2012년의 경우 미미한 것으로 드러났다. 찻잔 속의 태풍이라고나 할까? 2012년 국회의원 총선거와 대통령 선거는 재외국민의 힘과 한계를 동시에 보여준 선거였다고 해도 과언이 아닐 것이다.

3. 재외선거의 역사

60, 70년대의 국외 부재자 투표

우리 역사 속에서 재외선거는 언제, 어떻게 시작되었고, 어떤 과정을 거쳐 도입되었는가? 아울러 재외선거의 도입 과정을 통해 헌법재판소, 그리고 정부와 중앙선거관리위원회의 시각이 어떻게 변화되어 왔는지 살펴보자.

우리나라에서 재외선거 제도가 실시된 것은 2012년이 처음은 아니다. 1966년 12월 대통령선거법상 국외 부재자 투표가 도입된 것을 재외선거의 시발로 보는 게 오히려 합리적이다. 당시 대통령선거법 제16조 제3항을 보면 "국내에 주소를 가진 자로서 국외에 체류하고 있는 선거권자 중 선거일에 자신이 투표소에서 투표할 수 없을 때에는 대통령령이 정하는 바에 따라 선거일 전 25일까지 구, 시, 읍, 면의 장에게 부재자 신고를 할 수 있다"고 규정하였다. 명시적으로 국외 부재자의 대통령선거 참여를 보장했던 것이다.

국회의원 선거는, 1960년 시행된 선거법상 부재자 규정에, 국내외 구분 없이 장기 여행자를 포함시켜 국외 부재자 투표의 길을 열어 놓았다. 하지만 대통령 선거와 국회의원 선거 모두 국내에 주소를 갖고 있는 사람들에게 선거권을 주도록 함으로써, 국내에 주민등록이 없는 영주권자는 대상에서 배제하고 있었다. 당시의 국외 부재자 투표가 2012년의 재외선거와 다른 점은 영주권자의 선거권을 제한하였다는 점이다.

이 같은 선거 제도 아래 1967년 5월의 6대 대통령 선거, 1967년 6월의 7대 국회의원 선거, 1971년 4월의 7대 대통령 선거, 1971년 5월의 8대 국회의원 선거 등 4차례 국외 부재자 투표가 실시되었다.

선관위 집계를 보면 1967년 5월 3일 치러진 6대 대통령 선거에는 4만 7,024명이 부재자 신고를 하였다. 당시 국외 부재자들의 면모를 살펴보자. 4월 26일 NWA기 편으로 정오까지 김포공항에 도착한 해외 부재자의 우편 투표 상황은 월남 20명, 독일 589명, 태국 87명, 미국 67명, 영국 13명, 프랑스 14명, 홍콩 13명, 일본 157명, 필리핀 12명, 중국 19명, 말레이시아 13명, 호주 15명, 스웨덴 4명, 멕시코 8명, 모로코 5명, 스위스 12명, 이디오피아 1명, 벨기에 12명, 오스트리아 16명, 덴마크 7명, 스페인 1명, 싱가포르 3명이다.(《경향신문》, 1967년 4월 26일)

주목할 만한 사실은, 독일 국외 부재자의 우편 투표가 다른 나라에 비해 압도적으로 많다는 점이다. 이들 대부분은 파독 광부와 간호사들로 추정된다.

실업난과 외화 부족에 직면한 정부는 1963년 독일에 파견할 광부를 모집하였다. 경쟁률이 100대 1에 이를 정도로 인기가 높았다. 영화 〈국제시장〉에서 주인공 '덕수'가 파독 광부가 되기 위해 면접관 앞에서 쌀

한가마니를 들어 올리는 시험을 본 바로 그런 상황이었다. 1980년까지 우리 국민 7,900여 명이 독일에서 광부로 일하였다. 또 1966년에는 독일에 파견할 간호사를 모집하였다. 10년 동안 1만여 명이 파견되어 간병인 등으로 근무하였다.

1960년대 우리의 어려운 경제 여건과 2차 대전 이후의 급속한 경제 발전으로 인력난을 겪고 있던 독일의 현실이 맞물려 이루어진 일이었다. 이들 파독 광부와 간호사들이 해외 체류자로서 적극적으로 투표권을 행사한 것으로 분석된다.

당시 국외 부재자 중에는 월남 파병 군인들도 큰 비중을 차지하였다. 1967년 4월 28일자 언론 보도를 통해 당시 상황을 살펴보자.

5월 3일 대통령 선거 부재자 투표지 4만 1,631장이 공군 은마 부대 C54기에 실려 김포공항에 도착하였다. 이 부재자 투표지는 이 날 중으로 군우 501우체국을 거쳐 중앙우체국으로 넘겨졌다.(《동아일보》, 1967년 4월 28일)

재외선거의 폐지와 헌법소원

국외 부재자 투표제도는 1972년 종말을 맞았다. 유신헌법 채택으로 통일주체국민회의법에 따라 대통령 선거가 간선제로 바뀌면서 국외 부재자 투표제도는 폐지되었다. 통일주체국민회의 대의원들의 간접선거로 대통령을 선출한 시기였던 만큼 재외국민들의 직접투표 제도는 더 이상

설 땅이 없었다.

그 해 말 국회의원 선거법도 바뀌어, 국내 거주자에 한정해 부재자 신고를 허용하였다. 재외국민의 선거권 배제 상황은 군사 정부 내내 계속되었다. 1987년에 군사정부 시절을 마감하고 다시 직접투표로 민선 대통령을 선출하게 되었지만, 재외선거는 논의 대상에서 제외되있다.

재외선거 제도를 바꾸기 위한 첫 시도는 1997년 일본과 프랑스 거주 재외국민들에 의해 이루어졌다. 이들은 공직선거 및 선거부정방지법 제37조 제1항과 제38조 제1항에 대해 헌법소원을 제기하였다.

헌법소원의 요지를 보면, 제37조 제1항은 선거인 명부 작성과 관련해 주민등록이 되어 있는지 여부에 따라 선거권 행사 여부를 결정하도록 함으로써, 주민등록법상 주민등록을 할 수 없는 재외국민의 선거권 행사를 전면적으로 부정하고 있는 법안으로, 정당한 목적이 없다는 취지였다.

제38조 제1항의 경우, 선거인 명부에 오를 자격이 있는 국내 거주자에 대해서만 부재자 신고를 허용함으로써, 재외국민과 단기 해외체류자 등 국외 거주자 전부에 대해 국정 선거권의 행사 가능성을 부인하는 것은, 정당한 입법 목적을 갖추지 못하였다는 취지를 담고 있었다.

헌법재판소는 1999년 1월과 3월 각각 합헌 결정을 내렸다. 헌법재판소는 합헌 결정의 근거로, 근소한 표 차이로 당락이 갈릴 경우, 국토가 분단되어 있는 현실에서 북한 주민이나 조총련계 재일교포가 선거 결과에 결정권casting vote을 행사할 수 있는 기이한 현상이 발생할 수 있다는 점을 제시하였다. 그렇다고 재외국민의 성향을 분석해 선거권을 제한하는 것은 또 다른 위헌 문제 때문에 어렵다고 밝혔다.

선거의 공정성을 확보하기 어렵고, 공직선거법상 정해진 선거운동 기간에 선거운동을 하며 투표용지를 발송하여 기표된 용지를 회수하는 것도, 실무상 불가능하다고 판단하였다. 또 선거권이 국가에 대한 납세, 병역, 기타의 의무와 결부되기 때문에, 이 같은 의무를 이행하지 않은 재외국민에게 선거권을 인정할 수는 없다고 판시하였다.(헌법재판소, 97 헌마 253, 1999년 1월 28일)

헌재는 또 단기간 해외에 체류하는 국민의 선거권을 제한하는 데 대해서도 합헌 의견을 제시하고 그 논거를 설명하였다. 우선 해외 거주 자의 부재자 투표를 허용하기 위해서는 투표용지와 선거공보의 발송과 투표용지를 회수할 시간을 고려해 선거기간을 연장해야 하는데, 이렇게 하려면 선거비용이 크게 늘어 국가적 부담이 증가한다는 것이다.

또 해외에서는 공정선거 감시 체제가 빈약해 선거의 공정성을 확 보하기 어렵고 해외 거주자들이 투표권 행사에 장애가 되는 사유를 스 스로 초래하였다는 점을 들어 평등권을 침해한 게 아니며 부재자 투표 를 허용할지 여부는 입법 재량에 속한다고 판시하였다. 그러나 해외 파 견 군인과 공무원은 국가의 명령에 따라 해외에 근무하고 있기 때문에 임의로 귀국하는 것이 사실상 불가능하다는 이유로 향후 개선할 필요가 있다는 의견을 냈다.(헌법재판소, 97헌마 99, 1999년 3월 25일)

재외선거 제도 도입 1차 시도가 실패한 뒤, 2차 시도가 이루어졌다. 2004년 8월 대한민국 국적을 보유한 일본 영주권자 10명이 재외선거의 부활을 요구하는 행동에 나섰다. 일본 도쿄 거주자 6명과 서울에 주소를 둔 4명으로 구성된 이들은, 자신들의 참정권을 제한하는 공직선거 및 선 거부정 방지법 제15조 제2항 등이 헌법상 기본권을 침해한다고 주장하며 헌법재판소에 헌법소원심판을 청구하였다.

이어서 대한민국 국적을 가진 미국과 캐나다 영주권자 5명이 공직
선거 및 선거부정 방지법 제37조 제1항과 제38조 제1항이 국외 거주자
의 투표권 행사를 제한해 헌법상 기본권을 침해한다고 주장하며 헌법소
원심판을 청구하였다.

국민의 참정권 행사를 위한 요건으로 주민등록을 요구함으로써 국
민 투표권을 행사할 수 없도록 한 것은 위헌이라는 내용이었다. 그 같
은 조항에 의해 주민등록을 할 수 없는 자신들이 대통령과 국회의원 선
거권, 지방자치 선거권 및 피선거권, 국가의 주요 정책 및 헌법개정안에
대한 투표권을 박탈당하고 있다는 것이다.

이들은 선거인 명부에 오를 자격이 있는 국내 거주자에 한해 부재
자 신고를 허용함으로써, 주민등록 여부를 기준으로 국내 거주자와 해
외 거주자를 합리적 이유 없이 차별하고 있다고 주장하였다.

또한 지방자치법상 지방의회 의원이나 지방자치단체장의 선거 참여
권을, 주민등록 여부와 관계없이 '국민인 주민'에게 부여하고 있음에도
불구하고, 지방선거 참여권을 주민등록이 되어 있는 사람으로 한정함으
로써, 재외국민 등록을 한 주민인 '주민등록이 되어 있지 않은 국민'에게
서 지방선거 참여권을 부당하게 박탈하고 있다고 주장하였다.

나아가 현행법은 선거권을 행사할 수 있는 요건으로 주민등록에 의
한 거주요건을 설정했지만, 이는 선거인 명부 작성상의 필요 등 기술적
요인에 따른 것일 뿐, 선거권을 박탈할 아유가 되지 못한다는 것이었다.

이에 대해 외교부와 중앙선관위 등 관계기관이 헌법재판소에 의견
을 제시하였다. 외교부는 대통령 선거와 비례대표 국회의원 선거의 경

우, 국외에 일시 체류하는 재외공관원, 상사주재원, 유학생 등 국외 부재자에 대한 선거권 부여는 바람직한 것으로 판단한다는 입장을 밝혔다.

그러나 외국의 영주권을 취득한 사람, 영주권을 취득할 목적으로 외국에 거주하는 사람, 국외 거주로 인해 병역과 납세의무 등 국민의 의무가 면제되는 사람에게 참정권을 부여하는 것은 내국인과 형평성 시비를 불러올 수 있다며 반대 의견을 냈다.

덧붙여 외교부는 정부의 재외동포 정책은 재외동포가 한민족의 정체성을 유지하면서 거주국 내 구성원으로 성장하는 것을 지원하는 데 있다는 점을 밝히고, 이들에게 선거권을 확대하는 것은 '현지화'보다는 정부의 각종 지원에 대한 기대 심리와 모국 지향성을 촉발할 가능성이 있다며 장기적으로 신중히 검토할 사안이라는 입장을 제시하였다.

중앙선관위는 외교부 입장에 비해 보다 분명하게 반대 의견을 피력하였다. 법이나 제도는 그 나라의 역사와 경험 등 제반 사정에 맞춰 제도화되기 때문에, 재외국민의 투표권을 행사하는 데 필요한 법적 제도적 장치가 마련되지 못하였다 해도 합리적인 이유가 있다면, 기본권의 본질을 지나치게 침해하는 것은 아니라는 입장을 밝혔다.

국토가 분단되어 남북한이 대치하고 있는 상황에서 모든 재외국민에게 선거권을 인정한다면, 북한주민이나 조총련계 재외동포들도 선거권을 행사함으로써 국가의 안위와 국민의 생존, 자유가 위협받을 수 있고, 재외국민에 대한 체류국의 정책과 충돌함으로써 외교적 마찰이 발생할 수 있다는 논리를 폈다.

선거관리 기술상 주민등록이 없는 재외국민의 현황을 정확히 파악할 수 없고, 국적법이 국적 이탈 신고주의를 채택하고 있어 재외국민 중외국 국적 취득자가 국적 이탈을 신고하지 않을 경우, 이중 국적자에게도 선거권을 부여하는 불합리한 결과를 초래할 수 있다고 덧붙였다.

또 대리투표 등 국외에서 발생하는 선거 부정행위를 단속하기 어렵다는 점도 제시하였다. 다만, 국내에 주민등록이 되어 있는 재외국민의 투표권 보장을 위해, 대통령 및 비례대표 국회의원 선거에 국외 부재자 투표제를 도입하기 위한 정치 관계법 개정 의견을 국회에 낸 바 있다고 밝혔다.(중앙선거관리위원회,《재외선거 법규 자료집》, 2010, 386~88쪽)

실제로 중앙선관위는 2003년, 2005년, 2006년 세 차례에 걸쳐 일시 체류자에게 대통령 선거와 비례대표 국회의원 선거의 투표권을 부여하는 내용의 공직 선거법 개정의견을 국회에 냈다.

중앙선관위는 당시 재외선거의 대상 선거인을 주민등록이 되어 있는 경우로 한정한 데 대해, 1998년과 2002년의 대통령 선거가 근소한 표차이로 당선자가 결정된 상황을 고려하였다고 2013년 발간한 양대 재외선거 백서를 통해 밝혔다. 또한 외국에서 실시하는 재외선거는 국내에 비해 부정선거 행위에 대한 사후조치에 한계가 있는 것이 현실인 만큼, 국외 선거 결과로 국내 선거의 당락이 좌우될 경우 국가적 혼란이 예상된다는 점도 고려하였다고 덧붙였다. 중앙선관위의 이 같은 입장 표명은 당시 재외선거를 바라보는 선거 관리당국의 시각을 엿볼 수 있게 한다.

헌법재판소, 재외선거 부활의 발판을 마련하다

정부와 중앙선관위의 의견에도 불구하고, 2007년 6월 28일 헌법재판소는 8년 전의 입장을 사실상 번복하였다. 공직선거법 제15조 제2항, 제37조 제1항과 제38조 제1항, 국민투표법 제14조 제1항에 대해 헌법불합치 결정을 내린 것이다. 다음은 헌법재판소의 결정문 가운데 과거의 판례를 뒤집은 사례를 중심으로 요약한 것이다.

헌법재판소는 제37조 제1항과 관련해, 대통령 선거와 국회의원 선거권의 경우, 재외국민에게 선거권 행사를 인정하더라도, 우리의 특수한 상황 아래에서는 북한 주민이나 조총련계 재일동포의 선거권 행사에 대한 제한을 허용할 수 있고, 이들이 선거권을 행사할 위험성을 예방하는 것이 선거 기술상 불가능하지 않다고 판단하였다. 더불어 근소한 표차이가 나는 선거에서 재외국민이 결정권을 행사하는 것도 보통선거의 원칙에 비춰 문제가 되는 것은 아니라고 보았다.

또 선거의 공정성을 확보하는 것은 일차적으로 국가적 과제인 만큼, 선거의 공정성에 우려가 있다는 이유로 특정 국민의 선거권 행사를 부정할 수는 없으며, 선거 기술상의 어려움은 정보통신기술의 발달 등으로 극복할 수 있다고 판단하였다.

더불어 납세와 국방의 의무 불이행을 이유로 재외국민의 선거권을 부인할 수 없다고 보았다. 헌법이 국민의 기본권 행사를 납세나 국방의 의무 이행에 대한 반대급부로 예정하고 있지 않기 때문이다. 또한 재외국민에게도 병역 의무 이행의 길이 열려 있고, 청구인 가운데 이미 국내에서 병역 의무를 마친 사람도 있는 점을 감안하였다고 밝혔다.

헌법재판소는 선거권이 막연하고 추상적인 위험 또는 국가의 노력에 의해 극복될 수 있는 기술상의 어려움이나 장애 등의 사유로는 제한이 정당화될 수 없다고 판단하였다. 따라서 주민등록이 되어 있는지 아닌지만을 가지고 선거인 명부에 오를 자격과 선거권 행사 여부가 결정되도록 한 것은 헌법에 위배된다고 판시하였다.

공직선거법 제38조 제1항에 대해서도 더 이상 타당성을 인정하기 어렵다고 판단하였다. 선거 기간의 연장에 따른 후보자들의 선거 비용 증가 및 국가적 부담 증가가 예상되더라도, 비용 부담의 우려만으로 민주국가에서 가장 근본적이고 중요한 국민의 선거권 행사를 제한할 수는 없다는 것이다.

직업이나 학문 등의 사유로 자진출국한 사람들이라고 해서 선거권 행사를 못하도록 하는 것은 해외 체류자의 국외 거주 및 이전의 자유, 직업의 자유 등의 기본권을 희생하도록 강요한다는 점에서 부적절하다고 판시하였다.

지방의회 의원과 지방자치단체장의 선거권을 다룬 공직선거법 제15조 제2항에 대해서도 위헌적인 요소가 있다고 판단하였다. 국내에 주소를 두고 있는 재외국민은 형식적으로 주민등록법에 의한 주민등록을 할 수 없을 뿐이지, '국민인 주민'이라는 점에서는 '주민등록이 되어 있는 국민인 주민'과 실질적으로 동일하다고 보았다. 따라서 자신이 속한 자치단체 구역 내의 동질적 환경 속에서 동등한 책임을 부담하고 권리를 향유할 자격이 있다고 판시하였다.

또 제15조 제2항 제2호는 '영주의 체류자격 취득일로부터 3년이 경과한 19세 이상의 외국인'에 대해서도 일정한 요건 아래 지방선거 선거권을 부여하고 있는데, 국내 거주 재외국민이 외국인의 선거권에 못 미치는 현상을 초래하고 있는 것은 명백히 부당하다고 지적하였다.

헌법재판소는 '국민투표를 실시할 때 구청장 등은 국민투표 공고일 현재로 그 관할 구역 안에 주민등록이 된 투표권자를 투표구 별로 조사해 투표인 명부를 작성하여야 한다'고 규정한 국민투표법 14조 제1항도 청구인들의 권리를 침해한다고 판단하였다.

헌법재판소는 이 같은 판단에도 불구하고 선거 기술적인 측면과 선거의 공정성 확보를 위해 해결해야 할 문제들이 많다며 잠정 적용 헌법불합치 결정을 선고하였다. 아울러 늦어도 2008년 12월 31일까지는 새로운 법을 만들 것을 주문하였다.

헌법재판소가 8년 전의 판례를 변경함으로써 재외국민들은 헌법 소송 10년 만에 국내 정치의 참정권을 갖게 되었다. 하지만 헌재의 전원재판부가 만장일치로 같은 의견을 낸 것은 아니었다.

소수 의견도 나왔다. 이공현 재판관은, 이미 상당기간 대한민국과는 문화적 상대적 경제적으로 상이한 환경의 외국에 생활 기반을 잡고 그 곳에 영주할 의사와 권리를 가지고 있는 사람의 경우에는, 재외국민이나 국외 거주자들과는 달리 대한민국의 선거나 정치에 참여하는 태도의 진지성과 밀접성이 현저히 다른 경우가 많을 수밖에 없다고 전제하였다.

따라서 추상적이고 이념적인 통일체로서의 국민을 넘어 현실적이고 구체적인 국가 구성원으로서의 대의기관을 구성할 권리가 필연적으로 인정된다고 보기 어렵다고 판단하였다. 이런 논거로 국외 영주권자에 대한 선거권 제한은, 언제나 보통선거의 원칙에 반하여 허용될 수 없는 것은 아니라고 판단하였다.

대한민국을 떠난 지 오래 되어 해외를 거주지로 삼고 있는 영주권자들의 경우, 단지 국적을 포기하지 않았다는 이유로 참정권을 인정하는 게 합당한지에 대한 문제 제기이다.

조대현 재판관은 법률적인 문제를 제기하였다. 문제의 법률 조항의 위헌성은, 선거권의 행사 절차를 규정하면서 주민등록자만 대상으로 삼고, 국내 거소 신고나 재외공관에 재외국민 등록을 한 재외국민을 포함시키지 않은 점에 있다고 보았다. 따라서 주민등록을 규정하고 있는 법률 조항은 정당하고 헌법에 합치되며, 다만 재외국민을 포함시키지 않은 대목이 헌법에 위반된다고 판시하였다.(헌법재판소, 2004 헌마 644, 2005 헌마 360 병합, 2007년 6월 28일)

조대현 재판관은 문제가 된 조항이 법률상 하자가 있는 게 아닌 만큼, 주민등록자가 아닌 재외국민의 참정권을 추가하는 게 옳다는 법리적인 판단을 내린 것이다.

4. 재외선거 제도의 도입

개정안의 물꼬가 트이다

2007년 6월의 헌법재판소의 결정에 따라 재외선거가 도입되면서 후속 입법을 기대하는 시선이 17대 국회에 쏠렸다. 다양한 입법안들이 쏟아져 나왔다. 유기준, 홍준표, 정성호, 김성곤, 김덕룡, 김기현, 권영길 의원 등 여야를 떠나 여러 의원들이 재외선거 개정안을 발의하였다.

국회 행정자치위원회 법안 심사소위는 여러 개정안 가운데 김기현 의원과 김성곤 의원의 개정안을 검토하였다.

김기현 의원의 개정안은 재외선거의 대상을 대통령 선거와 비례대표 국회의원 선거로 한정하였다. 투표 대상자는 영주권자, 신고 방법은 공관 신고, 우편 신고로 하며, 투표는 공관 투표로 하자는 내용이었다.

김성곤 의원의 개정안은 임기 만료에 따른 모든 선거를 대상으로 삼고, 투표 대상자는 일시 체류자로 하며, 신고 방법은 공관 신고, 행정기관 신고, 인터넷 신고, 투표 방법은 공관, 우편, 인터넷 투표로 하자는 내용이었다.

　두 의원의 개정안을 비교해 보면, 여야가 선호하는 재외선거 방식을 추측해 볼 수 있다. 김성곤 의원의 발의안은 대상 선거와 방법을 광범위하게 열어놓고 있지만, 투표 대상은 일시 체류자로 한정한 점이 눈에 띈다. 반면, 김기현 의원의 개정안은 투표 대상과 신고 방법, 투표 방법을 상대적으로 제한하였고, 투표 대상자를 영주권자로 한정해 대조적인 모습을 보였다.

　두 의원을 비롯한 의원들의 발의안은 정치개혁특별위원회로 넘겨져 몇 차례 심의를 거쳤지만 더 이상의 진전은 없었다. 17대 국회는 2008

표2　　　　　17대 국회 재외선거관련 공직선거법 개정안

구분	대상선거	투표 대상자	신고·신청 방법	투표 방법
유기준 의원안	대통령선거, 국회의원선거	일시 체류자	공관, 행정기관, 인터넷 신고	우편 투표
홍준표 의원안	대통령선거	일시 체류자	공관 신고	공관 투표
정성호 의원안	임기만료 대선, 국회의원선거	일시 체류자	공관 신고, 행정기관 신고	공관, 우편 투표
김성곤 의원안	임기만료 모든 선거	일시 체류자	공관 신고, 행정기관 신고, 인터넷 신고	공관, 우편, 인터넷 투표
김덕룡 의원안	대통령선거, 비례대표선거	영주권자	공관 신고, 인터넷 신고	공관, 우편, 인터넷 투표
김기현 의원안	대통령선거, 비례대표선거	영주권자	공관 신고, 우편 신고	공관 투표
권영길 의원안	대통령선거, 국회의원선거	영주권자	공관 신고, 인터넷 신고	공관, 우편 투표

* 중앙선거관리위원회, 《2012년 양대 재외선거 백서》, 63쪽.

년 상반기 임기 종료를 앞두고 있던 터였다. 또 2007년 12월의 17대 대통령 선거를 5개월 남짓 앞둔 시점이었다. 헌재가 재외선거와 관련해 새로운 입법을 하도록 주문한 2008년 12월까지는 아직 여유가 있었다. 자연스레 공은 18대 국회로 넘어갔다.

재외선거 제도의 골격을 세우다

18대 국회는 2008년 5월 30일에 개원하였지만, 헌법재판소가 제시한 공직선거법 개정 시한까지 합의안을 마련하지 못하였다. 그러다 헌법재판소가 헌법 불일치 결정을 내린 지 19개월 만인 2009년 2월, 국회 본회의에서 재외선거 제도 개선안을 의결하였다. 공직선거법 제14장의 2 재외선거에 관한 특례의 장을 신설하는 형식이었다. 법안의 주요 내용을 살펴보면 다음과 같다.

주민등록이 되어 있거나 국내 거소 신고를 한 사람으로서 외국에서 투표하려는 선거권자는, 대통령 선거와 임기 만료에 따른 국회의원 선거를 실시하는 때마다 국외 부재자 신고를 하도록 하였다. 또 주민등록이 되어 있지 않고 국내 거소 신고도 하지 않은 사람으로서 외국에서 투표하려는 선거권자는, 대통령 선거와 비례대표 국회의원 선거를 실시하는 때마다 재외선거인 등록 신청을 하도록 하였다. 이들의 등록 신고, 신청은 선거일 전 150일부터 선거일 전 60일까지로 규정되었다.

중앙선관위는 주민등록과 국내 거소 신고가 되어 있지 않은 재외국민을 대상으로 재외선거인 등록 신청서에 따라 재외선거인 명부를 작성하고, 구, 시, 군의 장은 주민등록이 되어 있거나 국내 거소 신고를 한 재외국민을 대상으로 국외 부재자 신고서에 따라 국외 부재자 신고인 명부를 작성하도록 하였다. 작성 기간은 각각 선거일 전 49일부터 선거일 전 40일까지로 한정하였다. 그리고 작성기간이 만료된 다음 날부터 5일 동안 재외선거인 명부를 열람할 수 있도록 하고, 선거권자는 누구든지 이의 신청이나 불복 신청을 할 수 있도록 하였다.

재외선거인 명부는 선거일 전 30일에 확정하고 해당 선거에 한하여 효력을 가지며, 중앙선거관리위원회와 구, 시, 군의 장은 재외선거인 명부 등이 확정되면 즉시 그 명부 사본을 국외 부재자 신고서와 함께 관할 구, 시, 군 선거관리위원회에 보내도록 하였다.

재외선거인을 대상으로 하는 선거운동은, 정당 또는 후보자 등의 인터넷 홈페이지를 이용하거나 국내에서 재외국민을 대상으로 하는 위성 송출 방송 시설을 이용한 방송 광고와 방송 연설에 의한 방법, 정보통신망 또는 인터넷 광고를 이용하는 방법, 전화를 이용하거나 말로 하는 방법으로 할 수 있도록 했으며, 단체는 단체 명의 또는 대표 명의로 선거운동을 할 수 없도록 제한을 두었다. 재외선거권자를 대상으로 하는 선거운동을 위해 국외에서 지출한 비용은 선거비용으로 보지 않는다는 규정도 두었다.

재외선거의 투표는 대통령 선거와 지역구 국회의원 선거에서는 후보자의 성명이나 기호 또는 소속 정당의 명칭을, 비례대표 국회의원 선거에서는 정당의 명칭이나 그 기호를 재외투표소에 가서 투표용지에 직접 적는 방식으로 하고, 재외선거인이 투표용지를 가지고 귀국한 경우 부재자 투표소에서 투표할 수 있도록 하였다. 재외투표소는 공관에 설치하되 부득이한 경우, 공관의 대체 시설에 재외투표소를 설치할 수 있도록 하였다.

구, 시, 군 선거관리위원회는 투표용지, 재외선거 안내문과 회송용 봉투를 선거일 전 25일까지 재외선거인 명부에 올라 있는 사람에게 배달 확인이 가능한 국제 특급우편으로 발송하되, 임기 만료에 따른 국회의원 선거에서 주민등록과 국내 거소 신고가 되어 있지 않은 재외국민에게는 지역구 국회의원 선거의 투표용지는 보내지 않는다고 규정하였다.

재외투표소의 투표 절차는 국내의 부재자 투표소 투표 절차와 동일하게 본인 여부를 확인한 다음 기표소에 들어가 후보자의 성명, 정당의 명칭이나 기호를 직접 적는 방식으로 하였다. 재외 투표소의 책임위원은 날마다 재외투표가 마감된 후 투표 참관인의 참관 아래 투표함을 열고 투표자 수를 계산한 다음 재외투표를 포장 봉인해 재외투표 관리관에게 인계하고, 재외투표 관리관은 재외투표 기간 만료일의 다음 날까지 재외투표를 외교통상부를 경유해 중앙선거관리위원회에 보내며, 중앙선관위는 이를 관할 구, 시, 군 선거관리위원회에 등기우편으로 보내도록 하였다.

또한 국외에서 범한 선거범죄의 공소시효는 해당 선거일 후 5년을 경과함으로써 완성되도록 하였다.(공직선거법 개정안, 18대 국회 제281회, 의안번호 1803725, 2009년 2월 5일) 이로써 재외동포 사회의 오랜 숙원인 재외선거의 밑그림이 그려졌다.

국회는 이후 2012년 19대 총선 전까지 5차례, 18대 대선 전까지는 6차례 공직선거법을 개정하였다. 자세한 내용은 뒷부분에서 다시 한번 살펴보기로 하고, 여기서는 큰 틀의 변화만 먼저 정리한다.

　　우선 재외 투표소에서 투표 용지 발급기를 이용할 수 있도록 하였고, 재외선거인 등록 신청시 사본을 첨부하되 원본도 제시하도록 했으며, 국내 거소 신고가 되어 있어도 외국에 체류하는 경우 지역구 의원 투표를 할 수 없도록 하였다. 또 서면으로만 받던 국외 부재지 신고를 전자우편으로도 할 수 있도록 하고, 본인이 공관을 방문할 수 없는 경우에는 가족이 신청서를 대리 제출할 수 있도록 문호를 넓혔으며, 순회 접수, 전자우편 신고 제도도 도입하였다.

02
19대 총선과 재외선거

1. 19대 총선 재외선거의 지형

　재외선거의 틀이 완성되었고, 총선 체제가 가동되었다. 19대 총선 당시의 정치 상황과 지형을 먼저 살펴보자. 2012년 4월 19대 총선은 그해 12월 치러질 18대 대선의 전초전 성격을 띠고 있었다. 이명박 정부 말기에 치러지는 선거인 만큼, 정부에 대한 심판의 성격도 배어 있었다. 총선 전 분위기는 대체로 야권의 승리를 예상하는 견해들이 많았다. 야당이 몇 석을 차지해 승리하느냐가 더 큰 관심사라는 이야기가 나돌 만큼, 야권 우세 분위기가 이어졌다. 민주통합당은 통합진보당 등 진보세력과 연대해 야권 표 분산의 우려도 덜어낸 상황이었다.

　반면, 집권 여당인 한나라당은 잇단 실정으로 점수를 잃고 있었다. 정부의 민간인 사찰 사건까지 불거져 승리가 요원한 것처럼 보였다. 위기의식을 느낀 한나라당은 박근혜 비상대책위 체제를 가동하고, 그 해 2월 당명을 새누리당으로 바꾸었다. 1997년 11월부터 사용해 오던 한나라당이라는 간판을 내려야 할 만큼 여당의 분위기는 좋지 않았다.

　결과는 예상과 달리 새누리당의 승리로 끝났다. 152석을 차지해 과반을 확보하였다. 새누리당은 당명 변경과 함께 20대인 이준석씨를 혁신위원장으로 영입하고 손수조씨 등 젊은 후보들을 공천하며 변화와 개혁의 바람을 몰아가 승리를 따냈다. 일찌감치 승리감에 빠져 있던 야권은 공천 과정에 잡음이 일었고, 한명숙 대표 체제는 흔들렸으며, 진보세력과의 연대도 끊임없이 뒷말이 나왔다. 야권은 정권 심판만을 되뇌다 변화를 약속한 새누리당에 총선 승리를 내줬다.

19대 총선 재외 선거인 분석

총선의 틀 속에서 재외선거를 분리해 본다. 2012년 4월 11일 치러지는 19대 국회의원 선거를 5개월 앞두고 재외선거의 막이 올랐다. 2011년 11월 13일부터 석 달 동안 재외선거인 등록 신청과 국외 부재자 신고가 전 세계 158개 재외공관에서 시작되었다. 국내에 있는 251개 구, 시, 군청에서는 국외 부재자 신고를 접수하였다.

집계 결과 모두 12만 4,424건이 접수되었다. 재외공관에는 재외선거인 2만 37건(16.2%), 국외 부재자 10만 3,381건(83.8%) 등 12만 3,418건이 접수되었고, 국내 구, 시, 군청에는 국외 부재자 신고 1,006건이 접수되었다. 국외 부재자가 재외선거인에 비해 5배 이상 많았다.

먼저 지역별로 살펴보자. 아주 지역의 경우 재외선거인 1만 1,169명과 국외 부재자 5만 7,571명 등 68,740명이 접수하였다. 45개 재외공관을 합한 숫자다. 미주 지역 37개 공관에는 3만 4,667명이 접수하였다. 그 가운데 재외선거인은 8,341명, 국외 부재자는 2만 6,326명이었다. 구주 45개 재외공관에는 1만 3,388명이 신청했으며, 재외선거인은 482명, 국외 부재자는 1만 2,906명이었다. 이밖에 중동 지역 16개 재외공관에 4,455명(재외선거인 14명), 아프리카 5개 공관에 2,168명(재외선거인 31명)이 접수하였다. 신청, 신고한 재외국민을 비교해 보면, 중국이 미국에 비해 두 배 이상 많았고, 유럽은 미국의 절반에도 미치지 못했다. 중동과 아프리카는 각각 5천 명 미만이었다.

표3 재외공관의 신고, 신청 접수 현황 (단위 : 개, 명)

대륙별		재외공관수	신고 · 신청자수		
			합계	재외선거인	국외 부재자
총 계		–	124,424	20,037	104,387
재외공관 접수	소계	158	123,418	20,037	103,381
	아주	45	68,740	11,169	57,571
	미주	37	34,667	8,341	26,326
	구주	45	13,388	482	12,906
	중동	16	4,455	14	4,441
	아프리카	15	2,168	31	2,137
국내접수		–	1,006	0	1,006

* 중앙선거관리위원회, 《제19대 국회의원 선거 총람》, 296쪽.

주요 3개국의 상황을 비교해 보자. 미국의 경우 12개 재외공관에 2만 3,027건이 접수되었다. 재외선거인은 4,095명, 국외 부재자는 1만 8,932명이었다. 일본은 10개 재외공관에 1만 8,575건이 접수되었다. 재외선거인은 1만 202명, 국외 부재자는 8,373명이었다. 중국은 9개 재외

공관에 2만 3,915건이 접수되었는데, 재외선거인은 125명, 국외 부재자는 2만 3,790명이었다.

국가별 특성을 살펴보자. 일본의 경우 다른 지역과는 달리 재외선거인이 국외 부재자 수보다 많았다. '일본 속 한국인'으로 고충을 겪으며 살아온 재일동포 사회의 특성을 엿볼 수 있는 대목이다. 일본과는 대조적으로 중국의 경우 재외선거인은 소수에 불과하고 국외 부재자가 압도적으로 많았다. 중국 정치 체제의 특성상 한국 동포 사회가 뿌리를 내리지 못하고 있다는 사실을 보여주는 대목이기도 하다. 미국 역시 국외 부재자가 재외선거인보다 4배 이상 많았다.

표4			주요공관의 신고, 신청 접수 현황		(단위 : 개, 명)
국가별	재외공관수	신고·신청자수			
		합계	재외선거인	국외 부재자	
미국	12	23,027	4,095	18,932	
일본	10	18,575	10,202	8,373	
중국	9	23,915	125	23,790	

* 중앙선거관리위원회, 《제19대 국회의원 선거 총람》, 297쪽.

미국과 일본, 중국 등 3개국의 재외동포 규모에 비하면, 19대 총선에 접수한 재외국민 수는 예상 외로 적다는 사실을 주목하게 된다. 우선, 외교부가 발행한 《2011 재외동포 현황》을 통해 투표가 가능한 재외국민의 수를 확인해 보자.

자료에 따르면 미국 내 재외동포는 217만 6,998명이다. 이 가운데 109만 4,290명이 미국 시민권자이며, 재외국민은 108만 2,078명이다.

수치상으로 보면 미국 동포 사회의 두 명 중 한 명은 재외선거에 참여할 수 없는 시민권자라는 점을 알 수 있다.

일본의 경우도 크게 다르지 않다. 일본 내 재외동포는 90만 4,806 명이다. 일본 시민권자는 32만 6,671이며, 재외선거권이 있는 재외국민은 57만 8,135명이다. 중국의 경우 재외동포는 270만 4,994명이다. 중국 시민권자(조선족)는 233만 5,968명이며, 재외국민은 36만 9,026명이다. 미국, 일본, 중국 등 3개국의 경우, 재외선거에 참여할 수 없는 외국 국적자가 많다는 사실을 확인하게 된다.

재외선거인 신고, 신청을 한 12만 4,424건 가운데 841건은 제외되었다. 제외된 이유는 국적상실 5건, 연령 미달 38건, 수형정보 확인 41건, 여권정보 불일치 108건, 주민등록 정보 불일치 178건, 가족관계 정보 불일치 5건, 사망 1건, 철회 406건, 기타 59건으로 집계되었다. 이후 재외선거인 명부 열람과 이의신청을 거쳐 2012년 3월 최종적으로 재외선거인의 수가 확정되었다. 19대 총선 재외선거인 수는 국외 부재자 10만 3,635명과 재외선거인 1만 9,936명 등 모두 12만 3,571명으로 확정되었다.

앞서 언급한 대로 중앙선관위는 《2011년 재외동포 현황》을 토대로 재외국민을 279만 6,024명으로 추산하였다. 이 가운데 영주권자는 114만 8,891명, 체류자는 164만 7,133명이다. 체류자 가운데 일반 체류자는 131만 7,554명, 유학생은 32만 9,579명으로 분류되었다. 중앙선관위는 그 가운데 80%를 재외선거권자로 잡아, 19대 총선 추정 재외 선거권자를 223만 6,819명으로 확정하였다.

표5			지역별 재외국민 수			

자격별 지역별		재외국민수					추 정 재외선거 권자 수 (E×80%)
		계 (E=C+D)	영주권자 (D)	체류자			
				소계 (C=A+B)	일반 체류자 (A)	유학생 (B)	
총 계		2,796,024	1,148,891	1,647,133	1,317,554	329,579	2,236,819
아주	소계	1,361,698	520,252	841,446	680,133	161,313	1,089,359
	일본	578,135	461,627	116,508	96,146	20,362	462,508
	중국	369,026	4,161	364,865	307,142	57,723	295,221
	기타	414,537	54,464	360,073	276,845	83,228	331,630
미주	소계	1,290,496	603,402	687,094	559,920	127,174	1,032,397
	미국	1,082,708	464,154	618,554	512,938	105,616	866,166
	캐나다	128,826	85,951	42,875	22,084	20,791	103,061
	중남미	78,962	53,297	25,665	24,898	767	63,061
구주	소계	116,784	23,644	93,140	53,920	39,220	93,427
	독립 국가 연합	12,137	420	11,717	9,303	2,414	9,710
	유럽	104,647	23,224	81,402	44,617	36,806	83,717
중동		16,163	20	16,143	15,509	634	12,930
아프리카		10,883	1,573	9,310	8,072	1,238	8,706

* 중앙선거관리위원회,《제19대 국회의원 선거 총람》, 534쪽.
 (출처: 외교통상부,《2011 재외동포 현황》).

추정 재외선거권자 223만 6,819명 가운데 접수를 한 이들이 12만 3,571명이었으니, 19대 총선 재외선거 참여율은 5.5%로 집계되었다. 당초 예상보다 훨씬 저조한 신고, 신청률이었다. 갓 태어난 재외선거치고는 나름대로 의미 있는 수치라는 분석도 일각에서 나오기는 했지만, 비판적인 목소리도 나오기 시작하였다.

신고, 신청자를 외국 거주 자격별로 분석해 보자. 외교부는《2011 재외동포 현황》에서 재외국민을 자격별로 영주권자와 체류자로 구분하고 있는데, 중앙선관위의 분류로 따져 보면, 영주권자는 재외선거인, 체류자는 국외 부재자에 해당한다.

중앙선관위의 추정치 80% 수준을 적용해 재외 선거권자 수를 자격별로 계산해 보면, 재외선거인(영주권자)는 91만 9,113명, 국외 부재자(체류자)는 131만 7,706명이다. 이 가운데 재외선거인 1만 9,936명, 국외 부재자 10만 3,635명이 재외선거권자로 신고, 신청한 것이다. 비율로 보면 재외선거인의 2.2%, 국외 부재자의 7.9%가 접수한 것이다. 재외선거인의 선거 참여도가 현저히 낮다는 사실을 간파할 수 있다.

이들 재외국민을 지역별로 살펴 보면 아주 대륙이 6만 8,712명, 미주 대륙이 3만 4,749명, 구주 대륙이 1만 3,397명, 중동이 4,533명, 아프리카가 2,180명 순이었다. 각 지역별 추정 선거권자 수를 기준으로 하면 등록 신고율은 중동이 35.0%로 가장 높고, 아프리카가 25.0%로 뒤를 이었다. 구주는 14.3%의 접수율을 보였으며, 아주는 6.3%, 미주는 3.4%로 최하위를 기록하였다.

이들 재외국민의 접수율을 지역과 자격까지를 종합해 분석해 보자. 아주 지역은 재외선거인의 2.7%, 국외 부재자의 8.6%가 등록, 신고하였고, 미주 지역은 재외선거인의 1.7%, 국외 부재자의 4.8%가 접수하였다. 구주 지역은 재외선거인의 2.5%, 국외 부재자의 17.3%가 접수했으며, 중동은 재외선거인과 국외 부재자가 각각 88.0%와 35.0%, 아프리카는 2.3%와 29.4%가 등록, 신고하였다.

전체적으로 보면, 미주 지역 재외선거인의 접수율이 1.7%로 가장 낮고, 구주 지역 재외선거인 2.5%, 아주 지역 재외선거인 2.5% 등 재외선거인들의 참여율이 전반적으로 저조함을 확인할 수 있다. 반면에 중동 지역 재외선거인은 가장 높은 참여율을 보였다. 국외 부재자의 경우는 미주 지역이 4.8%로 가장 낮았다. 아주 지역은 8.6%로 평균치를 약간 웃돌았으며, 구주 지역 등 다른 지역은 참여율이 높았다.

표6		19대 총선 재외선거 등록, 신고 현황			(단위 : 명, %)
구분	계	구성비	재외선거인	국외 부재자	추정 재외선거권자 대비 비율
계	123,571	100.0	19,936	103,635	5.5
아주	68,712	55.6	11,148 (2.7)	57,564 (8.6)	6.3
미주	34,749	28.1	8,280 (1.7)	26,469 (4.8)	3.4
구주	13,397	10.8	465 (2.5)	12,932 (17.3)	14.3
중동	4,533	3.7	14 (88.0)	4,519 (35.0)	35.0
아프리카	2,180	1.8	29 (2.3)	2,151 (28.9)	25.0

－ 괄호 안은 영주권자와 체류자 수의 80%를 환산해, 이를 등록, 신고자와 비교한 %임.
* 중앙선거관리위원회, 《제19대 국회의원 선거 총람》, 568쪽.

이들 선거인 수를 재외공관별로 분석해 보자. 중국 상하이 총영사관에 접수한 재외국민이 6,506명으로 가장 많았다. 중국 대사관에도 6천 명 이상 접수하였다. 이어 일본 대사관에 접수한 사람이 5천 명을 넘었고, 미국 로스앤젤레스 총영사관, 베트남 호치민 총영사관, 미국 뉴욕 총영사관, 중국 칭타오 총영사관 등 4곳에 4천여 명이 접수하였다.

3천여 명이 접수한 공관은 인도네시아 대사관, 필리핀 대사관, 일본 오사카 총영사관 등 3곳이었다. 미국 샌프란시스코 총영사관, 일본 나고야 총영사관, 미국 대사관, 미국 시카고 총영사관, 중국 선양 총영사관, 말레이시아 대사관, 캐나다 토론토 총영사관, 미국 시애틀 총영사관, 오스트레일리아 시드니 총영사관, 싱가포르 대사관, 중국 광저우 총영사관 등 11개 재외공관에는 2천 명 이상의 재외 선거인이 접수하였다.

1백 명 이하의 재외국민이 접수한 공관은 크로아티아 대사관, 베네수엘라 대사관, 나이지리아 대사관, 수단 대사관 등 35개 공관이었다. 크로아티아 대사관에 접수한 인원이 24명으로 가장 적었다.

표7　　　　　　　　　19대 총선 선거인수별 공관 현황

선거인수	공관수	공 관 명
계	158	
-100	35	크로아티아, 베네수엘라, 나이지리아, 수단, 이라크, 이르쿠츠크, 킹스턴, 루마니아, 브라질, 유주노사할린스크, 트리니다드토바고, 터키, 포르투갈, 벨라루스, 불가리아, 브루나이, 볼리비아, 가봉, 콩고민주공화국, 동티모르, 짐바브웨, 카라치, 앙골라, 세르비아, 두산베, 온두라스, 우루과이, 노르웨이, 앵커리지, 카메룬, 파푸아뉴기니, 뉴질랜드, 라스팔마스, 투르크메니스탄, 핀란드
101-300	51	코트디부아르, 덴마크, 그리스, 코스타리카, 이란, 알제리, 엘살바도르, 파나마, 튀니지, 니카라과, 세네갈, 아제르바이잔, 카자흐스탄, 가나, 파키스탄, 라고스, 우크라이나, 블라디보스토크, 피지, 몬트리올, 에콰도르, 헝가리, 탄자니아, 스웨덴, 우한, 하갓냐, 키르기즈, 이스라엘, 함부르크, 체코, 밀라노, 모로코, 시안, 에티오피아, 네팔,

		콜롬비아, 스리랑카, 미얀마, 카타르, 케냐, 벨기에, 상트페테르부르크, 아일랜드, 방글라데시, 요르단, 오스트리아, 스위스, 젯다, 도미니카, 칠레, 라오스
301–500	21	네덜란드, 캐나다, 뭄바이, 슬로바키아, 삿포로, 이스탄불, 폴란드, 청뚜, 니가타, 이집트, 페루, 몽골, 알마티, 사우디아라비아, 레바논, 두바이, 우즈베키스탄, 본, 쿠웨이트, 스페인, 오만
501–1000	13	아랍에미리트, 멕시코, 이탈리아, 남아공, 캄보디아, 센다이, 베트남, 오스트레일리아, 파라과이, 호놀룰루, 러시아, 독일, 홍콩
1001–2000	17	프랑크푸르트, 과테말라, 히로시마, 휴스턴, 인도, 오클랜드, 영국, 타이, 후쿠오카, 아르헨티나, 고베, 상파울루, 애틀랜타, 프랑스, 요코하마, 밴쿠버, 보스턴
2001–3000	11	샌프란시스코, 나고야, 미국, 시카고, 선양, 말레이시아, 토론토, 시애틀, 시드니, 싱가포르, 광저우
3001–4000	3	인도네시아, 필리핀, 오사카
4001–5000	4	로스앤젤레스, 호치민, 뉴욕, 칭타오
5001–6000	1	일본
6001–7000	2	중국, 상하이

– 최다 상하이(6,506명), 최소 크로아티아(24명).
* 중앙선거관리위원회, 《제19대 국회의원 선거 총람》, 576쪽.

이들 재외국민을 성별로 분류해 보면 남성은 6만 7,888명으로 전체의 54.9%를 차지하고, 여성은 5만 5,683명으로 45.1%를 차지하고 있다. 재외선거인의 경우 남녀 구성 비율은 크게 차이가 나지 않는다. 남성은 1만 160명, 여성은 9,776명으로 남성이 3백 명 가량 많다. 국외 부재자는 남성이 5만 7,728명, 여성이 4만 5,537명이다. 남성이 1만 2천 명 가량 많다.(《제19대 국회의원 선거 총람》, 588쪽)

이들을 연령별로 살펴보면 40대가 가장 많고, 30대, 20대가 그 뒤를 잇고 있다. 나머지는 50대, 60대 이상, 19세순이다. 재외선거인의 경우 전체 1만 9,936명 가운데 60대 이상이 8,042명으로 가장 많고, 50대가 4,745명, 40대가 3,803명, 20대가 1,259명, 19세가 75명으로 조사되었다. 국외 부재자가 젊은 층이 주류를 이루는 것과는 대조적이다. 국외 부새자는 전체 10만 6,635명 가운데 20대가 2만 2,060명, 30대와 40대는 각각 3만 1천여 명, 50대는 1만 3,212명, 60대 이상은 3,908명이다.

표8   19대 총선 재외선거 선거인 연령별 분포

구분	계	구성비	재외선거인	국외 부재자
계	123,571	100.0	19,936	106,635
19세	1,589	1.3	75	1,514
20대	23,319	18.9	1,259	22,060
30대	33,422	27.0	2,012	31,410
40대	35,334	28.6	3,803	31,531
50대	17,957	14.5	4,745	13,212
60대이상	11,950	9.7	8,042	3,908

* 중앙선거관리위원회, 《제19대 국회의원 선거 총람》, 588쪽.

이들 19대 총선 재외 선거인을 국내 연고지별로 분석해 보자. 재외선거는 현지에서 개표하지 않고 국내로 투표지를 보내기 때문에 이들의 표심을 알기 위해서는 연고지별 투표 결과를 분석하는 방법 외에 다른 길은 없다. 해외에서 결과를 합산한 뒤 국내로 통보하는 방식은 무리가 있는 것일까? 이 문제는 뒷장에서 다시 다루기로 한다.

19대 국회의원 총선에서 재외선거를 신청한 재외국민은 서울 출신이 전체의 36.0%로 가장 많은 비중을 차지하고, 경기도가 24.1%로 2위를 차지하고 있다. 이어 부산광역시가 6.4%, 경상남도가 5.6%, 인천광역시 4.4%, 경상북도 4.0%순으로 상위권을 형성하고 있다. 그 뒤를 대구광역시가 3.1%로 따르고 있으며, 대전, 충남, 전북은 각각 2.1%를 차지하고 있다. 전남과 제주는 각각 2.0%, 광주와 울산, 강원도, 충북이 1%대, 세종시가 0.1%를 차지하고 있다.

표9 시도별 재외선거인단 현황

시·도명	계	구성비	재외선거인	국외 부재자
합계	123,571	100.0	19,936	10,635
서울특별시	44,451	36.0	6,222	38,229
부산광역시	7,943	6.4	912	7,031
대구광역시	3,875	3.1	586	3,289
인천광역시	5,395	4.4	534	4,861
광주광역시	1,695	1.4	152	1,543
대전광역시	2,569	2.1	237	2,332
울산광역시	1,859	1.5	307	1,552
경기도	29,785	24.1	2,371	27,414
강원도	1,837	1.5	200	1,637
충청북도	2,035	1.6	251	1,784
충청남도	2,602	2.1	342	2,260
전라북도	2,600	2.1	339	2,261
전라남도	2,424	2.0	722	1,702
경상북도	4,977	4.0	2,166	2,811
경상남도	6,950	5.6	2,815	4,135
제주특별자치도	2,428	2.0	1,758	670
세종특별자치시	146	0.1	22	124

* 중앙선거관리위원회, 《제19대 국회의원 선거 총람》, 577쪽.

지금까지 재외선거에 참여 의사를 표시한 이들을 분석해 보았다. 접수한 사람이 많지 않다는 평가를 받았는데, 정작 더 큰 문제는 투표 참여율이 절반 이하로 떨어졌다는 점이다. 등록자 수 대비 투표율은 예상을 크게 밑돌았다.

투표 현황 및 투표 용지의 국내 이송

이번에는 총선 재외선거의 투표부터 투표지가 국내에 이송되기까지의 상황을 정리해 본다. 19대 국회의원 총선거 재외선거의 막이 오른 것은 3월 28일이었다. 국내보다 2주 먼저 시작되었다. 투표는 매일 오전 8시부터 오후 5시까지 이루어졌다. 최초로 투표가 시행된 곳은 뉴질랜드이며, 한국시간으로 새벽 4시부터 진행되었다.

중앙선관위에 따르면 투표는 전 세계 158개 재외투표소에서 진행되었다. 재외공관에 직접 투표소가 설치된 곳은 137개 공관이었고, 21개 지역은 공관이 협소해 한인회관 등 대체 시설에 투표소가 들어섰다. 각 투표소에는 투표를 관리하는 책임위원, 투표 사무원, 투표 참관인 등이 배석하였다. 투표 참관인에는 새누리당, 민주통합당, 자유선진당, 통합진보당, 창조한국당 등 5대 정당 추천 인사들이 포함되었다.

선관위는 공관별로 매일 투표가 마감된 뒤 투표 진행 상황이 한 차례씩 보고되었다고 밝혔다. 취합된 결과는 매일 오전 7시에 공관별 투표 진행 상황으로 공개되었다. 재외투표는 국내보다 9일 앞서, 4월 2일 끝났다. 하와이 호놀룰루는 한국시간 4월 3일 12시에 마감되었다.

19대 총선 재외투표를 마감한 결과 12만 3,571명의 신청, 신고인 가운데 5만 6,456명이 투표하였다. 등록자수 대비 45.7%의 투표율을 보였다. 추정 재외선거권자 수 223만 3,193명을 기준으로 하면 2.5%에 불과하였다.

19대 총선에 참가한 투표자 수를 대륙별로 보면 아주 대륙이 2만 8,218명으로 가장 많았고, 미주 1만 7,053명, 구주 7,642명순이었다. 구주와 중동, 아프리카 재외공관에 신청한 재외선거인들은 절반 이상 투표에 참여하였다.

표10　　　　　　　　　　재외투표 참가 상황　　　　(단위: 개, 명, %)

대 륙 별	재외공관수	선거인수	투표자수	투표율
전체	158	123,571	56,456	45.69
아주	45	68,712	28,218	41.07
미주	37	34,749	17,053	49.07
구주	45	13,397	7,642	57.04
중동	16	4,533	2,305	50.85
아프리카	15	2,180	1,238	56.79

- 투표자 수 : 최다-일본대사관 3,086명, 최소-온두라스 대사관 19명.
* 중앙선거관리위원회, 《제19대 국회의원 선거 총람》, 304쪽.

재외투표는 국내 개표를 위해 안정적이고 신속하게 국내로 이송하는 절차를 밟아야 하였다. 재외투표 이송은 외교행낭과 인편, 또는 외교행낭과 인편을 혼합하는 방식으로 이루어졌다. 전체의 절반에 가까운 75개 공관이 외교행낭을 이용하였고, 49개 공관은 인편으로 옮겼다. 31개 공관은 인편으로 재외투표를 인근 국가로 옮긴 뒤 외교 행낭을 통해 국내로 이송하였다고 선관위는 밝혔다. 재외투표를 국내에 들여오는 과정은 잘 짜여진 작전을 방불케 하였다. 다음은 선관위가 밝힌 이송 과정이다.

인편 회송 담당자는 2인1조로 구성되었다. 이들이 국내에 도착하면 항공기 출구에서부터 인계 장소까지 경찰이 동행하는 등 비상 수송 작전이 전개되었다. 우리 국적기를 이용한 외교 행낭의 경우도 신주 모시듯 보호를 받았다. 현지 공항에서 재외투표 행낭 접수 여부를 확인하고, 항공기 탑재 여부, 국내 도착 여부를 해당 항공사가 직접 확인한 다음 그 결과를 중앙선관위에 통지하도록 이중삼중의 보안 조치를 마련하였다. 그 결과 140개 공관의 재외투표는 투표일 종료후 사흘 이내에 도착하였고, 나머지 18개 공관의 재외투표는 6일 내에 도착하였다.

국내 도착 이후에도 재외투표는 고가의 귀중품 대우를 받았다. 외교행낭은 우정사업본부에 넘겨지기까지 해당 항공사의 창고 내 귀중품 보관소에 별도 보관되었다. 인편으로 회송된 재외투표는 중앙선관위와 외교통상부 직원이 합동으로 보관 장소에 상주하며 CCTV를 활용해 24시간 감시 체제를 펼쳤다.(《19대 국회의원 선거 총람》, 306쪽)

재외투표는 투표가 마감되면 국내부재자 투표와 함께 개표소로 옮겨져 일반투표, 국내 부재자투표와 별도의 개표 과정을 밟았다. 개표 상황표는 지역구 국회의원 선거는 선거구별로, 비례대표 국회의원 선거는 구, 시, 군 위원회별로 각각 구분해 작성되었다.

중앙선관위 집계 결과, 국외 부재자의 지역구 국회의원 선거 투표자 수는 총 4만 3,128명이었다. 그 가운데 유효투표는 4만 2,667표, 무효는 461표였다. 비례대표 국회의원 선거의 투표자 수는 총 5만 6,429

명이었고, 그 가운데 유효투표는 5만 6,102표, 무효는 327표였다.

저조한 투표율: 주요국과의 비교

19대 총선 재외선거의 투표율은 등록자 수 기준으로 45.7%로 나타났다. 하지만 선거권자 수 대비 투표율은 2.5%로 훨씬 더 낮다. 이를 해외 주요국가의 재외선거 투표율과 비교해 보자. 물론 각국별로 재외선거를 치르는 제도와 방식에 많은 차이점이 있다. 여기서는 다만 투표 참여율을 기준으로 분석해 보려고 한다.

일본의 2010년 참의원 선거에는 재외선거인 등록자 11만 3,230명 가운데 2만 7,600명이 참여해 24.4%의 득표율을 보였다. 선거권자 84만 8,855명을 기준으로 하면 3.3%가 투표에 나선 셈이다. 아시아권의 또 다른 국가 필리핀을 살펴보자. 2010년 필리핀 대선, 총선의 투표율은 재외선거인 등록자 58만 9,830명 가운데 15만 3,323명이 투표해 26.0%의 투표율을 보였다. 선거권자 601만 3,880명을 기준으로 하면 2.6%가 투표에 참여한 것으로 조사되었다.

아시아권에 비해 유럽 국가들의 투표율은 상당히 높은 수준이다. 2008년 이탈리아 총선은 선거권자 292만 4,178명 가운데 115만 5,343명이 참여하였다. 선거권자 수 대비 39.5%라는 높은 투표율을 기록하였다. 등록자 수 대비 투표율 역시 마찬가지였다. 이탈리아는 영구명부제와 재외공관이 선거인 자격을 심사하고 부여하는 직권주의, 우편 투표 방식을 채택하고 있다.

2007년 벨기에 총선은 선거권자 수 대비 91.1%라는 높은 투표율을 기록하였다. 해외에 나가 있는 재외국민 10명 가운데 9명 이상이 총선에 참여한 것이다. 벨기에의 선거권자는 13만 4천 명인데, 재외선거인 등록자 역시 13만 4천 명이었다. 그리고 투표자는 12만 2,159명이었다. 벨기에는 공관 투표, 우편 투표, 대리 투표, 의무 투표 등 여러 가지 투표 방식을 채택하고 있는데, 이런 다양한 투표 방식이 투표율을 높인 요인이 아닌가 싶다.

투표에 불참하면 벌금을 부과하는 점이 벨기에의 투표 제도에서 눈길을 끄는 대목이다. 즉, 의무 투표제를 채택한 벨기에는 유권자가 기권할 때 제재할 수 있는 규정을 두고 있다. 규정에 따르면 투표에 한 번 참여하지 않을 경우 27.5~55유로, 투표에 두 번 불참하면 55~137.5유로의 벌금을 부과할 수 있다. 또 15년 안에 4번 투표에 참여하지 않으면, 10년 동안 투표권을 박탈하는 방안도 두고 있다. 벨기에의 높은 투표율은 인상적이지만, 국외 투표 불참자에게 제재를 가하는 것은 현실적으로 거의 불가능하다는 점을 염두에 두어야 할 것이다. 다만, 상징적으로라도 투표 불참시 제재 규정을 두는 것과 그렇지 않은 나라 사이에 투표율에 차이가 나는 점은 한번쯤 생각해 보아야 할 대목이다.

물론 유럽이라고 다 투표율이 높은 건 아니다. 스페인의 경우 이탈리아와 마찬가지로 영구명부제, 직권주의를 채택하고 우편 투표를 시행하고 있지만, 2011년 총선의 투표율은 재외선거인 148만 2,786명(선거권자와 동일) 가운데 7만 3,361명이 투표해 4.9%를 기록하였다.

이 같은 자료를 종합해 보면, 재외선거의 투표율은 선거제도상 명부 작성 방법이나 투표 방식뿐 아니라 운용 방식에 따라 상당한 차이가 발생함을 알 수 있다. 동기가 부여되고 유인만 제대로 주어진다면, 투표율뿐 아니라 투표를 위해 등록하는 재외 선거인의 수도 폭발적으로 증가할 수 있을 것이다. 재외선거를 갓 도입해 아직 걸음마 단계인 우리 입장에서 보면 앞으로의 방향성과 관련해 시사하는 바가 크다.(중앙선거관리위원회,《외국의 재외선거 제도-OECD 회원국을 중심으로》)

2. 비례대표 재외선거 분석

새누리당 1위, 야권 연대에는 뒤져

국내외 투표가 끝나고 선거 결과가 공개되었다. 19대 국회의원 총선거 비례대표 재외선거에서 새누리당이 1위를 차지하였다. 새누리당은 전체 유효투표 5만 6,102표의 40.4%인 2만 2,646표를 득표하였다. 민주통합당은 35.2%인 1만 9,757표로 2위, 통합진보당은 14.5%인 8,132표로 3위를 차지하였다.

야권연대를 선언한 민주통합당과 통합진보당의 득표를 합하면 새누리당보다 앞서긴 했지만, 정당별로는 새누리당이 1위를 차지하였다. 진보신당은 2.3%인 1,302표, 자유선진당은 1.6%인 923표, 그 밖의 정당은 6.0%인 3,342표를 얻는 데 그쳤다.

재외선거의 결과를 큰 틀로 보면, 19대 총선의 전국 판도와 유사하게 새누리당과 민주통합당이 양강 구도를 구축하고, 통합진보당과 진보신당, 자유선진당이 뒤를 따르는 형국이었다.

주목할 만한 것은 새누리당의 전신인 한나라당을 당명으로 새로 채택한 정당이 기타 정당들에 비해 재외선거에서 두드러지게 높은 득표율을 올렸다는 점이다. 새 당명을 채택한 한나라당은 271표를 얻어 자유선진당을 바짝 따라 붙었고, 친박연합의 4배에 육박하는 지지를 받았다. 어떤 까닭일까? 결론부터 이야기하면, 기존 한나라당이 선거 두 달 전 새누리당으로 당명을 바꿨음을 미처 인지하지 못한 재외선거 유권자들의 선택으로 짐작된다. 19대 총선에 새롭게 이름을 올린 한나라당은 원래 영남신당 자유평화당이라는 이름으로 존재해 왔다. 그러다 기존 한나라당이 새누리당으로 당명을 바꾸자 선거를 한 달 앞둔 2012년 3월 5일 당명을 교체하였다.

　　영남신당은 기존 당명이 상징하듯 지역적으로는 영남을 기반으로 하고 있으며, '환인 시대, 환웅 시대, 단군왕검시대 이념'을 당 강령에 삽입할 정도로 민족 종교적 색채가 강한 정당이다. 이런 한나라당이 군소정당 가운데 두각을 나타낸 것은 나름의 노력의 결과일 수도 있지만, 당명 오인으로 인한 상대적 혜택일 수 있다는 점도 간과하기 어려울 것이다. 한편으로는 재외국민의 국내 선거정보에 대한 접근이 쉽지 않음을 보여주는 대목이기도 하다.

　　비례대표 재외선거를 지역별로 보면, 서울의 경우 전체 4만 4,451명 가운데 2만 2,066명이 투표해 49.6%의 투표율을 기록하였다. 새누리당이 9,164표, 민주통합당이 7,650표, 통합진보당이 3,166표, 진보신당이 576표, 자유선진당이 283표를 얻었다. 뒤를 이어 한나라당이 271표, 녹색당이 161표, 기독당이 139표를 기록하였다.

　　새누리당은 서울 시내 25개 선거구 가운데 17개 선거구에서 민주통합당을 앞섰다. 여권의 아성으로 일컬어지는 강남구에서는 압도적인 지지를 받았고, 서초, 송파, 강동, 종로, 중구, 용산 등지에서도 비교적 큰 폭으로 야당을 제쳤다. 민주통합당은 중랑구, 성북구, 강북구, 노원구 등 강북권을 비롯한 8개 지역에서 새누리당에 앞섰다.

통합진보당이 관악구, 성북구, 동대문, 서대문구 등 강북의 대학가뿐 아니라 강남구, 송파구, 서초구, 강동구 등 여권 성향의 이른바 강남 4구에서도 상당히 많은 표를 얻은 사실이 눈에 띈다. 19대 총선을 앞두고 이뤄진 야권 연대가 비례대표 재외선거에 영향을 미쳤을 수 있지만, 한편으로는 강남 출신 재외국민들의 진보 정치에 대한 기대감도 배어 있음을 부인할 수 없을 것 같다.

경기도 비례대표 재외선거는 민주통합당이 새누리당을 앞질렀다. 1만 2,714명이 투표해 42.7%의 투표율을 보인 가운데 민주통합당이 4,881표, 새누리당이 4,584표를 얻었고, 통합진보당은 1,986표를 획득하였다. 민주통합당은 수원, 성남, 안양, 부천, 평택, 양주, 안산, 고양 군포, 하남 등 경기 남부와 서울 인접 지역에서 새누리당을 앞선 반면, 새누리당은 동두천, 포천, 양평, 가평 등 경기도 동북부와 분당, 용인, 과천 등지에서 민주통합당을 앞질렀다. 새누리당과 민주통합당은 경기도 화성과 구리, 안산시 단원구에서는 각각 무승부를 기록하였다. 경기도와 마찬가지로 인천에서도 민주통합당이 새누리당을 앞질렀다.

부산의 경우 비례대표 재외선거에 3,280명이 참여해 새누리당과 민주통합당이 1,334표와 1,116표를 득표하였고 통합진보당은 478표를 얻었다. 새누리당은 부산 16개 선거구 가운데 13개 선거구에서 앞섰다. 중구, 서구, 동구, 영도, 해운대, 기장, 사하, 강서, 연제, 수영구 등 10

개 지역에서 1위를 차지하였고, 부산진과 동래, 남구에서는 박빙의 차로 앞섰다. 금정구에선 민주통합당과 무승부를 기록하였다. 민주통합당은 북구와 사상구에서 새누리당에 앞섰다. 부산 출신 재외국민들은 대체로 새누리당의 손을 들어 주었다.(중앙선관위 분류에 따라 비례대표의 경우 시·군·구별 개표 결과를 적용했음)

대구, 울산, 경상남도, 경상북도에서는 새누리당이, 광주, 전라남도, 전라북도에서는 민주통합당이 각각 두 배 가까운 격차로 2위를 따돌렸다. 대전에서는 민주통합당, 충청남도에서는 새누리당, 충청북도에선 민주통합당이 각각 우세를 보였으며, 제주도와 강원도, 세종시에서는 새누리당이 민주당을 앞질렀다.(《제19대 국회의원 선거총람》, 648~60쪽)

국내 총선과 재외투표의 차이

19대 총선에서는 정당별 득표율에 따라 각 당별로 54명의 비례대표 국회의원이 탄생하였다. 새누리당 25명, 민주통합당 21명, 통합진보당 6명, 자유선진당 2명이다. 비례대표 의원 선출을 위한 정당별 지지도는 전체 투표자 2,180만 6,798명 가운데 새누리당이 42.8%인 913만 651표, 민주통합당이 36.5%인 777만 7,123표를 얻어 6.3% 차이를 보였다. 통합진보당은 10.3%인 219만 8,405표로 3위를 차지하였고, 자유선진당은 3.2%인 69만 754표, 진보신당은 1.1%인 24만 3,065표를 각각 얻었다.

총선 비례대표 선거의 전국 득표율과 재외투표의 득표율을 비교해

보자. 새누리당과 민주통합당의 재외투표 득표율은 전국 득표율 42.8%
와 36.5%에 비해 각각 40.4%, 35.2%로 낮아졌다. 민주통합당의 감소폭
이 다소 적다. 새누리당과 민주당 사이의 득표율 차이는 전국 선거 결과
6.3%에 비해 재외투표에서는 5.2%로 다소 좁혀졌다.

이번에는 통합진보당과 자유선진당, 진보신당의 지지율을 분석해
보자. 통합진보당의 경우, 총선 비례대표 선거의 전국 득표율은 10.3%
였지만, 재외선거 득표율은 14.5%로 4.2% 높아졌다. 자유선진당은 총
선 비례대표 전국 득표에서 지지율 3.2%를 기록했지만 재외투표에서
1.6%의 지지를 받았다. 총선 전국 득표에서 1.1%의 지지를 받은 진보신
당은 재외투표에서 2.3%의 득표율을 올렸다.(표 11 참조)

전국 투표에 비해 재외투표에서 여야 두 주요 정당인 새누리당과
민주통합당의 지지율은 모두 하락하였고, 두 정당간 지지율의 격차는
다소 좁혀졌다. 통합진보당과 진보신당의 지지율은 올라갔으며, 자유선
진당의 지지율은 하락하였다. 재외국민들이 정당별 지지도라는 측면에
서 국내 유권자들보다 약간은 더 야당 성향을 보였다고 해석해도 무방
할 것 같다.

이번에는 전국 규모의 비례대표 선거와 재외투표의 득표율을 지역
별로 비교해 보자. 서울과 부산의 경우 새누리당의 우세는 재외투표에
서도 달라지지 않았다. 서울에서 새누리당은 42.3%의 지지율을 기록해
38.2%의 지지율을 보인 민주통합당을 제쳤고, 재외선거에서도 새누리
당은 41.8%의 득표율을 올려 34.9%에 그친 민주통합당에 앞섰다. 부산
에서도 새누리당은 51.3%, 민주통합당은 31.8%의 지지율을 기록하였
고, 재외투표에서는 새누리당과 민주당이 각각 41.0%와 34.3%의 득표

율을 보였다.

　그러나 경기도와 인천의 경우 전국적인 선거 결과와 재외국민의 투표 결과가 달랐다. 경기도에서는 전국 집계 결과 새누리당이 42.4%의 지지율을 확보해, 37.8%에 그친 민주통합당을 4.4% 앞선 것으로 조사되었다. 인천의 경우도 42.9% 대 37.7%로 새누리당이 앞섰다. 그러나 경기와 인천의 비례대표 재외투표에서는 민주통합당이 새누리당을 앞섰다. 경기도에서는 새누리당이 36.3%의 지지를, 민주통합당이 38.6%의 지지를 받았고, 인천에서는 새누리당과 민주통합당이 각각 35.7%와 40.4%의 득표율을 올렸다.

　대전과 충북의 비례대표 선거 결과도 새누리당과 민주통합당이 각각 34.3% 대 33.7%, 그리고 43.8% 대 36%로 새누리당이 앞선 것으로 조사되었지만, 재외선거 결과는 대전의 경우 30.5% 대 37.5%, 충북은 34.4% 대 38.6%로 민주통합당이 앞섰다.

　제주도에서는 전국 집계 결과 민주통합당이 1%라는 근소한 차이로 앞섰지만, 재외선거에서는 새누리당이 49.4%의 지지를 받아 26.4%의 민주통합당을 압도하였다.

　충청남도와 강원도 지역에서는 새누리당이 전국투표와 재외투표 비례선거에서 모두 앞섰다. 충청남도의 경우 전국 투표 결과 새누리당이 36.6%, 민주당이 30.4%의 득표율을 올렸고, 재외투표에서는 새누리당이 36%, 민주통합당이 34.2%의 지지를 받았다. 강원도의 전국 투표 결과는 새누리당이 51.3%, 민주통합당이 33.5%의 득표율을 보였으며, 재외투표에서는 새누리당이 36.4%, 민주통합당이 36%의 지지를 받았다.

　영남과 호남의 전국 투표에서는 새누리당과 민주통합당에 대한 지지도 쏠림 현상이 나타났다. 하지만 재외투표에서는 특정 정당에 대한 지지도가 다소 약화된 양상으로 나타났다. 대구는 비례대표 선거의 전국 집계 결과, 새누리당과 민주통합당의 지지도가 66.5% 대 16.4%로 나타났지만 재외선거에서는 48.9% 대 24.9%로 집계되었다. 경상북도는 전국 투표에서 새누리당과 민주통합당이 69.0% 대 13.4%로 집계됐지만 재외투표에서는 58.9% 대 19.4%로 격차가 약간 좁혀졌다. 경상남도는 전국 집계나 재외투표의 결과가 53.8% 대 25.6%, 53.7% 대 23.5%로 비슷한 수치로 나타났다.

광주의 경우 전국 투표에서는 새누리당과 민주통합당의 지지율이 각각 5.6%와 68.9%로 집계되었지만, 재외선거에서는 8.9% 대 61.9%로 차이가 다소나마 좁혀졌다. 전라남도는 전국 투표에서 새누리당과 민주통합당의 지지율이 6.3% 대 69.6%로 나왔지만, 재외선거에서는 새누리당 24.2% 대 민주통합당 53.4%로, 새누리당의 지지도가 큰 폭으로 올랐다. 전라북도 역시 전국 집계에서는 새누리당과 민주통합당의 지지도가 9.6% 대 65.6%인데 비해, 재외투표에서는 새누리당 18.5% 대 민주통합당 55.7%로 지지도 변화가 확연하였다.

위의 선거 결과를 종합해 보자.

첫째, 고국을 떠나 있는 재외국민들은 국내에 거주하는 유권자들에 비해 야당 지지 성향이 다소 높다는 사실을 알 수 있다. 전국 집계 결과에 비해 재외국민의 투표 결과에서 야당 지지 성향이 두드러졌다. 또 재외국민 사이에서 통합진보당의 지지율 상승이 눈에 띄는 대목이다. 통합진보당의 지지도는 전국 평균이 10.3%이지만 재외국민 사이에서의 지지도는 15% 안팎까지 올랐다. 재외국민의 통합진보당 지지도를 지역

별로 보면 광주 출신 재외국민의 지지도가 20.4%로 가장 높았고, 전라
북도 출신 재외국민의 통합진보당 지지도는 16.6%로 2위, 충청북도는
15.9%로 3위를 차지하였다

둘째, 재외국민의 표심은 거주지 또는 연고지 유권자의 표심과 반
드시 일치하지 않았다. 인천, 경기도, 대전, 충청북도, 제주의 사례가 이
를 입증한다.

셋째, 지역주의는 재외국민에게도 여전히 강하게 작용하고 있지만
상당 부분 약화된 모습을 보였다. 영호남의 특정 정당에 대한 지지도 쏠
림 현상을 전국 투표 결과와 비교해 보면 이 같은 결론에 이른다.

넷째, 대전과 충청남도의 자유선진당에 대한 지지도 상승은 눈여겨
볼 만하다. 이 지역 또한 영호남 못지않게 지역주의가 작동할 수 있음을
보여주는 증표라고 여겨진다. 자유선진당에 대한 전국 평균 지지도는
3.2%(재외투표 1.6%)이지만, 대전 출신 재외국민들의 자유선진당에 대
한 지지도는 8.5%, 충청남도 출신 재외국민은 7.9%를 보였다. 물론 대
전과 충남의 전국 투표결과에서도 자유선진당의 지지도는 20% 안팎으
로 월등히 높게 나타났다.

표11   19대 총선 비례대표 득표율 비교   (단위 : %)

구분	정당별 득표율				
	새누리당	민주통합당	자유선진당	통합진보당	창조한국당
전국	42.8 (40.4)	36.5 (35.2)	3.2 (1.6)	10.3 (14.5)	0.4 (0.3)
서울	42.3 (41.8)	38.2 (34.9)	2.1 (1.3)	10.6 (14.4)	0.4 (0.2)

부산	51.3 (41)	31.8 (34.3)	1.9 (1.2)	8.4 (14.7)	0.4 (0.4)
대구	66.5 (48.9)	16.4 (24.9)	2.0 (1.7)	7.0 (14.8)	0.5 (0.2)
인천	42.9 (35.7)	37.7 (40.4)	2.6 (1.4)	9.7 (14.6)	0.5 (0.2)
광주	5.6 (8.9)	68.9 (61.9)	1.0 (1.1)	18.6 (20.4)	0.4 (0.1)
대전	34.3 (30.5)	33.7 (37.5)	17.9 (8.5)	9.0 (15.8)	0.4 (0.1)
울산	49.5 (46.8)	25.2 (26.7)	1.6 (1.4)	16.3 (13.6)	0.5 (3.5)
세종	27.8 (35.3)	38.7 (30.9)	22.6 (8.8)	5.4 (16.2)	0.4 (1.5)
경기	42.4 (36.3)	37.8 (38.6)	2.2 (1.3)	11.0 (15.6)	0.5 (0.2)
강원	51.3 (36.4)	33.5 (36)	1.8 (1.5)	6.6 (15.7)	0.3 (0.4)
충북	43.8 (34.4)	36.0 (38.6)	5.3 (3.3)	7.7 (15.9)	0.4 (0.6)
충남	36.6 (36)	30.4 (34.2)	20.4 (7.9)	6.8 (13)	0.3 (0.6)
전북	9.6 (18.5)	65.6 (55.7)	1.4 (1.3)	14.2 (16.6)	0.4 (0.2)
전남	6.3 (24.2)	69.6 (53.4)	1.2 (0.8)	14.8 (13.2)	0.4 (0.2)
경북	69.0 (58.9)	13.4 (19.4)	1.4 (1.5)	6.2 (10.2)	0.3 (0.4)
경남	53.8 (53.7)	25.6 (23.5)	1.6 (1.7)	10.5 (12.1)	0.4 (0.3)
제주	38.5 (49.4)	39.5 (26.4)	2.0 (1.3)	12.4 (11.3)	0.5 (1.0)

- ( )는 재외선거.

* 중앙선거관리위원회, 《제19대 국회의원 선거 총람》, 379, 648쪽 참고해 작성.

참고로, 재외국민들은 총선 비례대표 지지 정당을 선택하는 과정에서 주요 고려 사항으로 정당의 정견과 정책을 최우선으로 꼽았다. 여론조사 기관인 닐슨컴퍼니 코리아가 중앙선관위의 의뢰로 19대 총선 직후인 2012년 4월 26일부터 5월 15일까지 19세 이상 재외국민 2,167명을 대상으로 이메일 또는 전화로 설문조사한 결과, 응답자의 55.1%는 지지 정당 선택시 주요 고려사항으로 정당의 정견과 정책을 꼽았다. 종전부터 선호했던 정당을 주요 고려사항으로 삼은 응답자는 22.8%, 비례대표 후보자의 인물과 능력을 고려하였다는 응답자는 12.5%순이었다.(닐슨컴퍼니 코리아, 표준요차 95%, 신뢰수준+−2.10 %)

3. 지역구 재외선거 분석

　총 4,018만 1,623명의 선거인 가운데 2,179만 2,851명이 참여한 19대 지역구 의원 선거 개표 결과 새누리당은 932만 4,911표로 43.3%를 획득해 815만 6,045 표로 37.9%를 차지한 민주통합당을 5.4% 차이로 앞섰다. 의석수에서 새누리당은 127석으로 과반을 차지하였고, 민주통합당은 106석으로 2당에 머물렀다.

　통합진보당은 129만 1,306표로 6.0% 득표율을 올리며 7석을 차지하였고, 자유선진당은 47만 4,001표로 2.2%를 득표하며 3석을 챙겼다. 무소속은 201만 4,777표로 9.4%를 득표하고 3석을 차지하였다. 1% 이상을 득표한 다른 정당은 없었다. 친박연합과 진보신당은 경북과 경남에서 2위 득표자를 한 사람씩 배출하는 데 그쳤다.

　서울에서 새누리당은 16석, 민주통합당은 30석을 차지했으며, 통합진보당이 2석을 따냈다. 부산에서는 새누리당이 16석, 민주통합당이 2석을 차지하였고, 경남에서는 새누리당이 14 대 1로 민주통합당을 압도하였다.

인천에서는 새누리당과 민주통합당이 각각 6석씩 나눠 가졌고, 경기도에서는 민주통합당이 29석, 새누리당이 21석을 차지하였다. 대전에서는 새누리당과 민주통합당이 각각 3석을 차지하였고, 충남은 새누리당 4석, 민주통합당 3석, 자유선진당 3석이었다. 충북에서는 새누리당이 5 대 3으로 민주통합당보다 많은 의석을 차지하였다.

선거 직전의 여론조사 결과 접전이 예상되었던 강원도에서는 9석 전체를 새누리당이 석권하였고, 제주도는 민주당이 3석을 독차지하였다. 경북은 15곳 전체를 새누리당이 차지하였다. 호남은 30곳 가운데 25곳을 민주통합당이 가져가고, 통합진보당이 3석, 무소속이 2석을 확보하였다.

지역구 재외투표, 민주통합당 압승

지역구 국회의원 선출을 위한 재외선거에서 민주통합당은 새누리당에 압도적인 우세를 보였다. 지역구 국회의원 투표자 4만 3,128명 가운데 51.1%인 2만 2,017명이 민주통합당 후보를 지지하였고, 34.8%인 1만 4,996명이 새누리당을 선택하였다. 통합진보당을 지지한 이들은 5.7%인 2,474명이었다고 민주통합당은 중앙선관위 개표 자료 분석 결과를 공개했다.

앞에서 밝힌 것처럼, 지역구 의원 선출을 위한 투표는 비례대표 의원 선출과는 달리 주민등록이 있는 국외 부재자로 한정되어 있다. 따라서 투표자 수는 비례대표 선거 투표자 수에 비해 1만 3천여 명이 적은 규모였다. 이렇게 재외선거의 투표 참여 폭을 제한한 탓에, 지역구 의원 선출을 위한 재외선거는, 영주권자를 제외한 국외 부재자들의 표심을 살펴볼 수 있는 기회가 되었다.

지역별 국외 부재자의 투표 성향을 전국 투표 결과와 비교 분석해 보자. 새누리당이 16석, 민주통합당이 30석을 차지한 서울에서 재외국 민의 표심은 과반이 민주통합당 쪽으로 쏠려 있었다. 서울에 연고를 둔 국외 부재자 1만 7,535명 가운데 53.2%인 9,334명이 민주통합당 후보를 지지하였고, 36.6%인 6,419명이 새누리당 후보를 지지하였다.

지역구 의원 선출을 위한 재외투표 결과, 서울 48개 선거구 가운데 46곳에서 민주통합당 등 야당 후보들이 앞섰고, 새누리당은 강남 갑과 을에서 앞선 것으로 나타났다. 서초구와 송파구, 강동구에서도 재외선 거에서는 새누리당 후보들이 야당 후보에게 뒤졌다.

용산의 진영 후보와 동작 을의 정몽준 후보 등 새누리당 간판급 후 보들도 재외투표에서는 밀렸다. 은평 을의 이재오 후보도 재외선거에서 는 통합진보당 천호선 후보에게 밀렸다. 서울의 일부 지역 재외투표에 서는 민주통합당과 새누리당의 득표율 차이가 두 배 이상 벌어질 만큼, 서울 출신 재외국민들의 표심은 지역구 의원 선출에 관한 한 야당 지지 성향이었다.

부산 지역 국회의원 선거 결과에서 새누리당은 민주당을 16 대 2로 제쳤다. 국외 부재자들의 재외투표에서는 결과가 판이하게 달랐다. 부 산 지역 재외선거에서 서구 1개 지역구를 제외하고는 17개 지역구에서 민주통합당 등 야당이 앞선 것으로 조사되었다. 부산 중 · 동구의 정의 화 후보와 해운대 · 기장 갑의 서병수 후보 등 새누리당 중진들도 민주통합당과 통합진보당 등 야권 후보들에게 밀렸다.

부산지역 민주통합당 간판으로 출마한 사상구의 문재인 후보는 새누리당의 새내기 손수조 후보에게, 북·강서 을에 출마한 문성근 후보는 새누리당 김도읍 후보에게, 각각 두 배 이상의 격차를 보이며 재외투표에서 앞섰다. 서구의 새누리당 유기준 후보만이 재외투표에서 강세를 보였다. 유기준 후보는 부산 지역 재외투표에서 승리한 유일한 새누리당 후보로 기록되었다.

16개 지역구 가운데 새누리당이 14개 지역구를 승리한 경남 지역 국회의원 선거에서도 재외투표 결과는 국내 투표와 차이를 보였다. 경남 도내 지역구 재외선거에서 민주통합당과 통합진보당 등 야권이 앞선 지역구는 10곳, 새누리당이 앞선 곳은 6군데였다.

민주통합당과 통합진보당 등 야당이 지역구 의원 31명을 배출하고 새누리당이 21명을 차지한 경기도의 재외투표에서는 야권 강세 현상이 두드러졌다. 파주 을과 포천·연천, 용인 병 등 3곳에서만 새누리당이 우위를 차지하였고, 나머지 49곳에서는 야권이 앞섰다.

새누리당과 민주통합당이 지역구 의원 6석을 나눠 가진 인천에서도 재외선거에서는 모든 지역구에서 민주통합당이 새누리당을 앞섰다. 새누리당 황우여 후보가 당선된 연수구도 예외일 수 없을 만큼 인천 출신 국외 부재자의 야당 지지세는 강한 흐름을 보였다.

대전과 충남북, 세종시에서도 몇몇 지역을 제외하고는 국외 부재자의 표심은 대체로 야당 성향을 보였다. 지역구 의원 3명씩을 새누리당과 민주통합당이 나눠 가진 대전의 국외 부재자 투표에서는 대덕구에서만 새누리당이 앞섰을 뿐, 나머지 5개 지역구에서 민주통합당이 새누리당에 우위를 보였다.

충남 지역구 선거에서는 새누리당이 4명, 민주통합당이 3명, 자유선진당이 3명의 의원을 배출하였다. 이 지역 출신 국외 부재자들의 재외투표 결과를 보면 민주통합당이 8개 선거구, 새누리당이 2개 선거구에서 각각 1등을 차지하였고, 자유신진당은 2곳에서 2위를 기록하였다.

충북의 경우 새누리당이 5명, 민주통합당이 3명의 지역구 의원을 배출했는데, 충주를 제외한 전 지역 재외투표에서 야당이 우세를 보였다. 충주에서는 새누리당 윤진식 후보와 통합진보당 김종현 후보가 무승부를 기록하였다.

강원도에서 새누리당은 지역구 의원 9명을 석권했지만, 국외 부재자들의 표심은 정반대로 나타났다. 강원도 내 모든 지역구에서 국외 부재자들의 표심은 민주통합당 8곳과 통합진보당 1곳 등 야권연대로 쏠렸다.

대구와 경상북도의 국외 부재자 표심도 부분적으로 야권 성향을 드러냈다. 대구 지역 12명의 국회의원 모두를 새누리당이 석권했지만, 동구 갑, 을 지역구와 달성군 등 3개 지역구 출신의 국외 부재자들은 새누리당보다 민주통합당 후보를 선택해 눈길을 끌었다. 지역 화합을 내걸고 수성 갑에 출마한 민주통합당 김부겸 후보는 재외투표에서도 새누리당 이한구 후보의 벽을 넘지 못하였다.

새누리당은 경북에서 지역구 의원 15명을 석권하였다. 그러나 포항시 남구 · 울릉군, 구미 을, 영주, 영천, 고령 · 성주 · 칠곡, 영양 · 영덕 · 봉화 · 울진 등 6개 선거구의 국외 부재자들은 새누리당보다 민주통합당 후보를 더 지지하였으며, 상주, 문경 · 예천 선거구는 새누리당과 민주통합당 후보가 동률을 기록하였다.

광주와 전라남북도, 제주도에서 국회의원 당선자를 배출하지 못한 새누리당은 같은 지역의 국외 부재자 투표에서도 상대 후보를 앞서지 못하였다. 호남에서 지역갈등 구도를 타파하겠다며 광주광역시 서구 을 선거구에 출마한 새누리당 이정현 후보 역시, 야권의 단일 후보인 통합진보당 오병윤 후보에게 밀렸다.(《제19대 국회의원 선거 총람》, 661~703쪽)

국외 부재자들의 19대 총선 재외투표 결과를 중앙선관위의 분류 방식에 따라 연고지별로 살펴보았다. 서울, 경기, 인천 등 수도권에서 야당의 압도적인 우세를 확인할 수 있다. 서울은 48개 지역구 가운데 46곳, 경기도는 52개 지역구 가운데 49곳, 인천은 6개 지역구 전체에서 야당 우세로 나타났다. 부산, 경남에서도 국외 부재자 투표에 관한 한, 야당의 우세가 두드러졌다. 대전, 충남북 역시 야당 우세 현상이 나타났다. 새누리당이 전 의석을 석권한 강원도의 경우, 이 지역 출신 국외 부재자들은 전 선거구에서 지역 유권자들과는 반대로 야당 후보를 지지하였다. 새누리당이 전 의석을 석권한 대구, 경북의 27개 선거구 가운데 9곳에서 야당 후보가 앞섰다. 호남과 제주에서 새누리당은 국회의원 당선자를 한 명도 배출하지 못하였으며, 국외 부재자 투표에서도 앞선 곳이 없다.

이를 토대로 다음과 같은 추론에 이를 수 있다.

첫째, 재외국민들은 국내 유권자에 비해 야당 지지 성향이 강하다. 특히 재외국민 가운데 지역구 의원 선거에 참여할 수 있는 국외 부재자들은 야당 성향이 더욱 강하다. 이 같은 사실은 역설적으로 재외국민 가운데 비례대표 선거만 참여할 수 있는 재외 선거인들의 경우, 여당 지지 성향이 높다는 사실을 반증해 준다. 비례대표 재외선거에서 새누리당이 1위를 차지한 사실을 상기해 보자.

둘째, 서울과 경기, 인천 등 수도권 출신 재외국민들은 그 지역의 국내 유권자에 비해 야당 지지 성향이 보다 강하다.

셋째, 충청북도와 강원도 출신 국외 부재자들은 그 지역 유권자들의 선택과 달리 야당 지지 성향이 강하다.

넷째, 충청남도 국외 부재자 투표에서는 전국에서 유일하게 자유선진당 후보가 2개 지역구에서 2위를 차지하는 등 지역적 특색이 나타났다. 충남은 전국에서 유일하게 자유선진당 후보 3명이 당선된 지역이다.

다섯째, 영남권의 부산과 경남 국외 부재자들은 대구, 경북과 달리 야당 후보를 더 많이 지지하였다.

여섯째, 대구, 경북과 호남 출신 국외 부재자들의 투표에서도 여전히 지역주의를 엿볼 수 있다. 대구, 경북의 일부 지역구에서는 야당 후보가 1위를 차지해, 호남에 비해 지역색이 다소 엷게 나타났다.

일곱째, 재외국민의 투표 결과는 연고지 또는 거주지 주민들의 선택과 항상 일치하지는 않는다.

이 같은 추론에는 이론이 있을 수 있다. 총선이 정당의 지지도를 따지는 문제가 아니라 인물에 대한 판단이라는 점, 투표자의 수가 많지 않다는 점 등을 지적할 수 있다. 그럼에도 불구하고 처음 실시된 재외선거인 만큼 소규모의 표본 속에서나마 특징을 도출해 보는 것은 그 의미가 적지 않고 생각한다. 보다 치밀한 분석은 다음 연구의 몫으로 남겨둔다.

닐슨컴퍼니 코리아가 중앙선관위의 의뢰를 받아 총선 직후인 2012년 4월 26일부터 5일 15일까지 재외국민 2,167명을 대상으로 설문조사한 결과도 흥미롭다. 지역구 지지 후보자 선택시 주요 고려사항으로 응답자의 42.7%가 소속 정당을 꼽은 것이다. 후보자의 정책과 공약을 꼽은 응답자는 21%, 인물의 능력을 꼽은 응답자는 21%에 그쳤다.(닐슨컴퍼니 코리아, 신뢰수준 95%, 표본오차 ±2.10%)

재외투표로 총선 승패가 바뀐다?

4·11 총선은 몇 백 표 차이로 승패가 갈리는 초박빙 선거구가 유난히 많았다. 1, 2위간 득표율 차이가 1천 표 미만인 지역이 11곳에 달하였다. 이 때문에 후보자도, 유권자도 투표가 끝난 다음 날 아침까지 개표 상황을 지켜보아야 하였다. 투표 종료와 함께 공개된 지상파 방송사의 공동 출구조사는 결과적으로 여러 선거구에서 오보를 내고 말았다. 그렇다면, 국외 부재자의 재외투표가 지역구 총선의 승패를 좌우할 수 있을까? 접전 지역을 중심으로 당시의 상황을 짚어본다.

"가장 극적인 승부는 경기 고양 덕양 갑에서 이루어졌다. 마지막 3% 개표에서 승패가 뒤집혔다. 덕양 갑은 '친박' 성향의 손범규 새누리당 후보와 통합진보당 공동대표이자 17대 국회의원이었던 심상정 후보가 맞붙은 선거구였다.

두 후보는 개표 초반부터 득표율 1% 안팎의 차이로 박빙을 이루더니 개표가 97.1% 가량 진행된 시점에도 0.3% 차이의 초접전 상태였다.

자정 무렵 두 후보의 득표율은 손 후보가 49.4%, 심 후보가 49.1%였다. 표로 따지면 불과 247표 차이였다. 그러나 마지막 남은 3% 개표에서 심상정 후보가 힘을 받아 170표 차이로 이겼다.

이웃 선거구인 경기 고양 덕양 을에서도 0.3% 차이로 당락이 갈렸다. 11일 밤 11시 어름에는 송두영 민주통합당 후보가 19표 차이로 김태원 새누리당 후보를 앞서더니, 자정쯤 역전되어 결국 226표 차이로 김 후보가 당선되었다."(《한국일보》, 2012년 4월 12일)

가장 근소한 표 차이로 승부가 갈린 고양 갑 지역구 의원 선거에 참여한 국외 부재자들의 투표 성향을 분석해 보자. 덕양 갑에 출마한 통합진보당 심상정 후보는 국외 부재자들로부터 148표를 얻었다. 새누리당 손범규 후보는 81표에 그쳤다. 170표 차이로 승패가 갈렸으니 국외 부재자 투표의 가치를 다시 한번 가늠해 볼 수 있을 것이다.

국외 부재자들은 고양 덕양 을 지역구 선거에서는 김태원 후보에게 87표, 송두영 후보에게 126표를 주었다. 고양시 덕양구 비례대표 투표에서 이 지역 출신 재외국민들은 새누리당에 193표, 민주통합당에 213표, 통합진보당에 94표를 던졌다. 경기도 고양시 덕양구의 연령별 인구 분포를 보면 20대 239명, 30대 277명, 40대 392명, 50대 191명, 60대 이상 70명이다.

경기 시흥 갑 선거구 역시 개표가 진행되는 내내 엎치락뒤치락하더니, 새누리당 함진규 후보가 민주통합당 백원우 후보를 202표 차이로 누르고 당선되었다. 재외투표에서 백원우 후보는 53표, 함진규 후보는 23표를 각각 얻었다. 1, 2위간 1천 표 미만으로 승부가 갈린 지역을 살펴보자.

표12			1, 2위간 1천 표 미만 지역구					(단위 : 표)	
시도	선거구	1순위			2순위			표차	재외투표차이
		정당	후보자	득표수	정당	후보자	득표수		
서울	성동을	민주통합당	홍익표	31,564	새누리당	김동성	31,076	488	37
서울	중랑을	민주통합당	박홍근	44,212	새누리당	강동호	43,358	854	88
서울	서대문을	새누리당	정두언	35,380	민주통합당	김영호	34,755	625	34
서울	강서을	새누리당	김성태	61,967	민주통합당	김효석	61,098	869	51
광주	동구	무소속	박주선	15,372	무소속	양형일	14,916	456	10
경기	성남중원	통합진보당	김미희	46,062	새누리당	신상진	45,408	654	6
경기	안산단원을	통합진보당	부좌현	29,176	새누리당	박순자	28,664	512	40
경기	고양덕양갑	통합진보당	심상정	43,928	새누리당	손범규	43,7585	170	67
경기	고양덕양을	새누리당	김태원	38,097	민주통합당	송두영	37,871	226	39
경기	시흥갑	새누리당	함진규	39,939	민주통합당	백원우	39,737	202	30
경남	김해갑	민주통합당	민홍철	41,358	새누리당	김정권	40,369	989	25

* 중앙선거관리위원회, 《제19대 국회의원 선거 총람 》 383쪽.

국외 부재자의 연령 변수를 주목하다

19대 총선 국외 부재자 투표에서 야당 지지 성향이 상대적으로 높게 나타난 이유는 무엇일까? 일부 학자들은 19대 총선의 특성으로 세대 투표 양상을 꼽는다. 새누리당 홍사덕 후보와 민주통합당 정세균 후보가 맞붙은 서울 종로의 사례를 박명호 교수는 예로 들었다. 인구 구성상 40대 이하가 49%, 50대 이상이 33%인 서울 종로에서 홍사덕 후보는 50대 이상에서 강세를 보였고 60세 이상에서는 거의 절반에 가까운 지지를 받았다. 반면에 정세균 후보는 40대와 20대에서 상대적으로 높은 지지를 받았다.(《19대 총선현장 리포트》, 푸른길, 20쪽) 이 같은 세대 투표 양상을 염두에 두고 국외 부재자들의 연령별 분포를 분석해 보자.

중앙선관위가 공개한 국외 부재자의 연령 현황을 보면 해외 투표를 신청한 12만 3,571명의 재외국민 가운데 국외 부재자는 10만 3,635명이다. 국외 부재자를 연령별로 보면 20대(19세 포함) 2만 3,574명, 30대 3만 1,410명, 40대 3만 1,531명, 50대 1만 3,212명, 60대 이상 3,908명으로 나타났다.

전체적으로 보면 40대가 가장 많지만, 20, 30대를 합친 숫자가 국외 부재자의 절반을 넘는다는 사실을 쉽게 파악할 수 있다. 이들 국외 부재자 중 주민등록 소지자는 10만 2,679명이고, 국내 거소 신고자는 956명이다.

국외 부재자 대부분이 주민등록을 국내에 둔 채 외국에 사는 형태로 생활하고 있음을 짐작할 수 있다. 신분으로 보면 유학생과 상사 주재원이 절대적인 비중을 차지할 것으로 판단되는 대목이다. 이들 젊은 층의 투표가 야당지지 성향으로 나타난 것은 아닐까 생각해 볼 수 있다.

이번에는 이들의 국내 연고지별 현황을 짚어 보자. 서울의 경우 20대 7,512명, 30대 1만 1,496명, 40대 1만 1,714명, 50대 5,697명, 60

대 이상은 1,810명으로 집계되었다. 경기도의 경우 20대 5,949명, 30대 7,823명, 40대 9,246명, 50대 3,410명, 60대 이상 986명이다. 서울과 경기도에 연고를 둔 국외 부재자들은 30대 이하가 50대 이상 보다 많은 것으로 나타났다.

부산은 7,031명의 국외 부재자 가운데 20, 30대가 40대 이후 연령 층보다 많을 만큼 젊은 국외 부재자가 다수를 차지한다. 이 같은 현상은 대구, 광주, 대전 인천, 울산 등의 모든 광역시를 비롯해 전국적으로 동일하다.(《제19대 국회의원 선거 총람》, 598~99쪽)

이와는 달리 재외선거인은 40대 이상이 20, 30대에 비해 압도적 다수를 차지한다.

이번에는 국외 부재자를 연령층에 따라 공관별로 분류한 중앙선관위 자료를 분석해 보자. 아주 지역 국외 부재자의 경우 20대 1만 595명, 30대 1만 6,283명, 40대 2만 219명, 50대 8,320명, 60대 이상 2,147명 등 모두 5만 7,564명으로 집계되었다. 40대가 가장 많고 30대 이하가 50대 이상에 비해 2.5배 이상 많다.

미주 지역 국외 부재자는 20대 8,399명, 30대 9,111명, 40대 5,724명, 50대 2,224명, 60대 이상 1,011명 등 2만 6,469명이다. 30대가 가장 많고 30대 이하가 40대 이상보다 2배 가량 많다.

구주 지역 국외 부재자는 20대 3,071명, 30대 4,305명, 40대 3,616명, 50대 1,479명, 60대 이상 461명 등 1만 2,932명이다. 30대가 가장 많고 30대 이하가 40대 이상보다 많다.

중동 지역 국외 부재자는 20대 1,094명, 30대 1,195명, 40대 1,334명, 50대 718명, 60대 이상 178 명 등 4,519명이다. 30대 이하와 40대

이상이 비슷한 분포를 보이고 있다.

아프리카 국외 부재자는 20대 415명, 30대 516명, 40대 638명, 50대 471명, 60대 이상 111명 등 2,151명이다. 40대가 가장 많고 30대 이하가 50대 이상보다 많다.

국외 부재자들의 공관별, 연고지별 연령 분포만을 갖고 그들의 투표 성향을 직접적으로 알 수는 없다. 다만 19대 총선의 특징적인 요소로 세대 투표 양상을 꼽는 학계의 분석도 있고 보면, 젊은 층이 다수인 국외 부재자들의 투표가 재외선거에서 높은 야당 지지율로 나타났을 가능성을 배제할 수 없다는 이야기이다.

4. 여야의 19대 총선 재외선거 평가

새누리당의 평가

새누리당은 19대 총선의 승리에도 불구하고 재외선거에 관한 한 사실상 패배한 것으로 받아들이는 분위기였다. 4·12 총선이 끝난 뒤 재외선거와 관련해 별도의 자료를 내거나 공개 행사를 갖지 않았다. 선거 당일 투표 마감 직전에 박근혜 당시 비상대책위원장의 기자회견 내용을 새누리당 재외국민위원회 홈페이지에 실은 것이 총선 재외선거와 관련한 마지막 움직임이었다.

새누리당 관계자는 이와 관련해 "19대 총선 재외투표에서 사실상 패배한 것으로 받아들이고 있다"고 훗날 털어놓았다. 이 관계자는 "내부적으로 19대 총선의 결과를 정리하고 원인을 분석하기는 했지만, 공개할 만한 성격은 아닌 것 같다"고 덧붙였다.

새누리당은 19대 총선 재외선거의 패인을 크게 두 가지로 분류하였다. 첫째, 재외국민 가운데 영주권자보다 국외 부재자가 많다는 점을 들었다. 둘째, 재외선거와 관련한 선거법이 현실을 제대로 반영하지 못해 참여율이 떨어진 탓도 있다고 분석하였다.

19대 총선을 앞둔 새누리당의 움직임을 살펴보면, 이 같은 인식을 이해할 수 있다. 19대 총선을 한 달 앞둔 2012년 3월 7일 새누리당은 '재외선거인 대상 확대' 등 투표 참여율을 높이기 위한 제도 개신을 추진하겠다고 밝혔다.

당시 황영철 대변인은 비상대책위원회 비공개 회의 내용을 공개하면서 우편 등록 신청 대상 확대 등 투표 참여 제고를 위한 제도 개선을 추진하겠다고 밝혔다. 재외선거인 등록률이 5.5%에 그친 데 따른 것이었다. 황 대변인은 재외선거권 취지에 부합하기 위해서는 보다 많은 재외선거인의 참어가 필요하다고 이유를 설명하였다.

새누리당은 이를 위해 유학생, 주재원 등의 국외 부재자와 마찬가지로 영주권을 갖고 외국에 체류하는 재외국민도 우편으로 선거인 등록 신청을 할 수 있는 방안을 모색해 나가겠다고 밝혔다.

또한 재외선거인 등록기간을 90일에서 1년으로 늘려 선거인으로 참여할 수 있는 시간적 여유를 충분히 보장하고, 그해 총선 등록자의 경우 12월 대선 때는 별도의 등록을 생략하도록 하는 방안 등을 마련하겠다고 밝혔다. 하지만 4월 총선까지 제도 개선은 이루어지지 않았다.

새누리당은 총선이 끝나자 대선 체제를 가동하였다. 총선 후 8개월 만에 치러지는 대선을 겨냥해 당내 조직인 재외국민위원회를 보강하고, 영주권자 등 재외 동포 사회의 요구가 담긴 개정안을 대선 동포 정책이라는 이름으로 잇달아 발의하였다.

2012년 총선이 끝난 다음부터 대선 직전까지 새누리당이 원유철 재외선거대책위원장 명의로 발의한 몇 가지 개정안은 영주권자들에 대한 배려가 두드러진다. 2012년 11월 발의한 재외국민용 주민등록증 발급 개정안과 그 해 9월 발의한 복수 국적 연령 확대 개정안 같은 경우다.

재외국민용 주민등록증 발급 개정안은 주민등록이 말소된 국외 이주국민, 즉 영주권자가 30일 이상 거주할 목적으로 입국할 경우 관할 시장, 군수, 구청장이 국외 이주국민임이 표시된 주민등록증을 발급하도록 하였다.

그동안 국외 영주권자는 주민등록이 말소되어 대한민국 국민의 자격이 박탈되었다는 정서적 상실감을 느껴왔고, 일시 귀국할 때 발급받는 거소 신고증은 외국인에게도 발급되기 때문에, 우리 국적을 갖고 있음에도 불구하고 외국인으로 취급되어 심리적으로 불편을 겪어 왔다고 새누리당 관계자는 밝혔다.

더욱이 주민등록번호가 없으면 일부 인터넷 사이트의 회원 가입이 불가능하고 금융거래, 국내 취업 등의 경제활동에 많은 불편을 겪게 됨은 물론, 말소된 주소로 세금납부 통지서가 송달되어 미납 과태료를 부과 받는 등의 경제적 불이익을 당하는 사례도 있었다고 덧붙였다.

국적법 개정안은 외국시민권자인 재외동포들의 복수 국적 허용 연령을 현행 65세 이상에서 55세 이상으로 확대하자는 내용이다. 원유철 의원은 "2011년 1월, 만 65세 이상의 재외동포들에 대해 복수 국적 취득이 허용된 이후, 동포 사회에서 모국 국적 회복에 대한 열망이 커지고, 복수 국적 허용 연령 확대 요구가 지속돼 왔다"고 배경을 설명하였다.

원 의원은 "병역법상 병역 의무 종료 연령인 40세를 초과하는 사람에 대해 복수 국적을 허용한다면 병역의무 면탈에 대한 우려가 불식될 수 있으므로, 복수 국적자의 최소 연령에 대한 하향 조정을 전향적인 관점에서 검토할 필요가 있다"면서 "다만 제도를 급격하게 변경할 경우 예상되는 부작용을 최소화하고 국민 정서와 국제사회에 통용되는 시니어 개념을 두루 감안해, 우선 만 55세로 확대함으로써 재외동포들의 편익 증진과 국적 제도 운용의 합리성을 안정적으로 도모하려는 것"이라고 취지를 밝혔다.

새누리당은 이처럼 재외선거와 관련한 입법 활동을 강화하고, 2012년 8월에는 재외국민위원회 내에 3선급 의원을 위원장으로 하는 7대 대륙별 위원장을 두었으며, 재외선거대책위원회, 해외대통합 분과위원회를 구성하는 등 재외동포 관련 조직을 강화하였다.

민주통합당의 평가

민주통합당은 총선 재외선거 결과와 관련한 중앙선관위 자료를 상세히 분석해 책자를 발간하고 제도 개선안을 내어 놓았다. 민주통합당은 이 같은 분석을 토대로 국외 부재자들의 지역구 의원 투표 결과는 새누리당 후보보다 민주통합당 후보를 선택한 경우가 더 많았다고 평가하였다. 다음 내용은 민주당 김성곤 의원실이 펴낸《제19대 총선 재외선거 결과와 그 의의》를 정리한 것이다.

국외 부재자 4만 3,128명 가운데 51.1%인 2만 2,017명이 민주통합당 후보를 선택한 것으로 나타났고, 34.8%인 1만 4,996명은 새누리당 후보를 지지했으며, 5.7%인 2,474명은 통합진보당 후보를 선택한 것으로 분류되었다고 민주통합당은 밝혔다. 서울의 경우 투표에 참여한 국외 부재자는 1만 7,535명이고, 이 가운데 36.6%인 6,419명이 새누리당 후보를, 53.2%인 9,334명은 민주통합당 후보를 각각 지지한 것으로 파악되었다고 덧붙였다. 그러나 비례대표 투표를 분석한 결과, 재외 유권자들은 새누리당을 선택한 경우가 더 많은 것으로 파악되었다고 분석하였다.

민주통합당은 또 재외투표 유권자 분석을 통해 등록 유권자 12만 3,571명 가운데 5만 6,456명이 참여해 등록 유권자 수 대비 45.7%의 투표율을 보였다고 밝혔다. 주요 국가별 투표자의 수와 투표율은 미국이 1만 293명으로 44.8%, 일본이 9,793명으로 52.6%, 중국이 7,826명으로 32.9%, 캐나다 1,931명으로 43.7%, 러시아 673명으로 50.9%, 독일 1,501명으로 56.9%, 영국 589명으로 47.4%, 프랑스 876명으로 51.6%를 각각 기록하였다고 설명하였다.

크로아티아는 24명의 등록 선거인보다 많은 28명이 등록해 116.7%의 투표율을 보였는데, 이는 크로아티아 부근 지역의 유권자가 유입된 것으로 분석하였다. 크로아티아를 제외하면 볼리비아가 56명의 등록 유권자 중 51명이 투표해 91.1%로 가장 높은 투표율을 보였고, 튀니지 91.4%, 타지키스탄 89.6%, 자메이카 88.9%, 동티모르 88.3% 등의 순으로 나타났다. 전반적으로 재외선거인의 규모가 작고 밀집된 지역일수록 투표 참여 의지가 높은 것으로 분석된다고 민주통합당은 밝혔다.

대륙별 투표자의 수는 아주 지역이 41.1%인 2만 8,218명, 미주 지역이 49.1%인 1만 7,053명, 구주 지역이 57.0%인 7,642명, 중동 지역이 50.9%인 2,305명, 아프리카가 56.8%인 1,238명을 기록했으며, 구주, 중동, 아프리카의 참여도가 미주와 아주보다 약간 높게 나타났다고 민주통합당은 분석하였다.

민주통합당 일각에서는 재외투표의 선전과 관련해 세계한인민주회의의 역할이 컸다고 분석하였다. 세계한인민주회의는 재외 유권자 230만여 명의 역량을 결집해 한반도의 평화통일과 민주화, 재외동포의 권익신장 및 동포 사회 발전, 한민족문화의 세계화에 이바지한다는 취지로 2010년 10월 만들어진 조직이다. 민주통합당 당헌 당규로 창립 근거를 명시해 두고 있다.

세계한인민주회의 의장은 민주통합당 대표가 맡고, 대의원은 재외국민 3백 명 이하로 구성되어 있다. 또 미국, 일본, 중국 등 9개국 40개 도시에 거주하는 889명이 자문위원으로 위촉되어 있다. 재외국민 회원들은 자체적으로 민주평화통일한인연합(약칭 민주연합)을 결성해 운영하는데, 2011년 5월부터 2012년 4월까지 도쿄, 홍콩, 베이징, 뉴욕, 호주, 영국 등 25곳에서 창립대회를 열었다.

민주통합당은 재외선거의 문제점으로 낮은 투표율을 들었다. 특히 중앙선관위가 발표한 등록 유권자 수 대비 투표율은 유의미한 투표율로 보기 어렵다고 지적하였다. 전체 재외 유권자 223만 명 기준으로 투표에 참여한 5만 6,456명은 2.5%에 불과하다는 지적이었다.

민주통합당은 투표 참여율과 관련해 지역적 환경적 시간적으로 국내와는 많이 다르다는 점을 고려해야 한다고 주장하였다. 현재의 공관투표는 미국이나 중국처럼 공관 관할 지역이 넓은 경우 원거리 거주자의 투표참여가 현실적으로 어렵다는 문제점이 있고, 한 번의 투표를 위해 많은 시간과 적지 않은 비용을 지불할 수 있는 사람도 극히 제한적일 수밖에 없다는 주장이었다.

특히, 중국이나 미국은 단기 체류자가 많아 투표율이 낮을 수밖에 없다. 따라서 재외국민 선거의 투표권 행사가 국내 사정과는 판이하게 다른데, 이런 차원에서 재외국민 선거의 실용성과 경제적 측면만을 거론하는 것은 문제를 잘못 인식하는 것이라고 설명하였다.

민주통합당은 재외국민의 참정권이 왜곡되지 않고 공정하게 반영되는 것도 중요하지만, 이들의 선거권 행사가 제도적 장애와 어려움 없이 이루어질 수 있도록 편의성을 높이는 것도 중요하다고 덧붙였다.

투표율을 올리기 위한 방법으로 논의되고 있는 우편 투표 제도는 유권자의 투표 편의성을 높여 투표율을 올리는 효과는 있지만, 선거 부정의 가능성을 안고 있어 공정성을 확보할 수 있는 안전장치가 마련되지 않는 한 당장 도입하기는 어렵다고 밝혔다.

투표 편의성을 높이고 재외선거인의 투표 참여를 유도하는 실질적인 방안으로는, 재외선거인의 우편 등록신청 허용, 재외 한인조직을 이용한 선거 홍보, 선거인을 위한 교통 편의 및 인센티브 제공, 정당 해외지부 허용 등의 개선책을 모색할 필요가 있다고 설명하였다.(김성곤 의원실, 《제19대 총선 재외국민선거 결과와 그 의의》, 7~9쪽)

.

03
18대 대선과 재외선거

1. 18대 대선 대외선거의 지형

18대 대선의 지형

2012년 4월 11일의 19대 국회의원 총선이 끝나자마자, 관심은 8개월 뒤에 실시되는 18대 대통령 선거로 옮겨 갔다. 총선에 이어 재외선거가 처음 도입된 대통령 선거인데다 종합편성 채널이 등장하는 등 언론의 지형이 바뀌었고 인터넷상의 선거운동이 전면적으로 허용된 터였다.

대통령 선거 열기는 그 해 여름부터 본격적으로 불 붙었다. 총선에서 기대 이상의 승리를 거둔 새누리당은 예비 후보 5명 가운데 박근혜 후보를 공식 후보로 확정하였다. 당원과 일반국민으로 구성된 선거인단 투표가 80%, 국민 여론조사가 20%를 차지한 경선에서 박근혜 후보는 예상대로 무난히 승리하였다.

민주통합당은 새누리당에 비해 한 달 가량 늦게 경선에 들어갔다. 경선 방식은 선거인단 투표소 투표와 모바일 투표, 인터넷 투표를 채택하였다. 재외국민 4,600여 명이 경선 선거인에 포함된 점이 이 책의 주제와 관련해 눈길을 끈다. 문재인 후보가 다른 세 명의 후보를 누르고 대선 후보로 공식 선출되었다.

9월 들어 안철수 후보가 대선 출마를 공식 선언하였다. 박근혜, 문재인, 안철수 후보간 3자 대결 가능성이 거론되었지만, 대선을 한 달 앞두고 안철수 후보가 사퇴하였다. 야권 후보가 문재인 후보로 단일화되었지만 안철수 후보측과의 앙금을 말끔히 씻어내지는 못하였다.

19대 국회는 10월 2일 재외선거 제도 개선안을 담은 정치관계법 개정안을 통과시켰다. 재외선거인의 신고, 신청 마감을 18일 남겨둔 시점이었다. 당초에는 재외선거인 및 국외 부재자의 등록 신청, 신고 방법으로 서면만을 허용했지만, 전자우편 방식을 추가하였다. 또한 본인이 공관을 직접 방문하지 않더라도 순회 접수 및 가족 대리 제출을 통해 재외선거인 등록 신청을 할 수 있도록 하였다. 그러나 법안 통과 시점이 너무 늦고 신청 마감일에 임박해 이루어짐으로써 재외국민의 투표 참여를 큰 폭으로 늘릴 수 있는 기회를 살리지 못하였다.

11월 25일부터 진행된 후보자 등록에는 모두 7명의 후보가 등록하였다. 정당 추천 후보자는 새누리당 박근혜, 민주통합당 문재인, 통합진보당 이정희 후보 등 3명이고, 무소속 후보는 4명이었다. 이정희 후보는 12월 17일 사퇴하였다. 6명이 경쟁을 벌였지만, 사실상 양강 구도였다.

18대 대통령 선거의 선거인 수는 4,050만 7,842명으로, 인구 5,104만 980명의 79.4%였다. 17대 대선의 선거인 수 3,765만 3,518명보다 7.6%, 285만 4,324명이 증가하였다. 19대 총선에 비해서도 30만 2,787명이 늘어난 규모였다.

연령대별 선거인은 40대가 881만 3,045명으로 전체의 21.8%를 차지해 가장 많았다. 다음으로 60대 이상이 20.8%인 842만 8,748명, 30대가 20.1%인 815만 5,003명, 50대가 778만 332명으로 19.2%, 20대이하가 18.1%인 733만 714명순이었다. 50대 이상이 40.0%로, 30대 이하 38.2%에 비해 약간 많았다.

성별로는 남자가 2,000만 2,126명, 여자가 2,050만 5,716명으로 여자가 더 많았다. 지역별로는 경기도의 선거인 수가 936만 4,077명으로 가장 많고, 서울이 839만 3,847명, 부산이 291만 1,700명순이었다.

18대 대선 투표율은 79.4%를 기록해 17대 대선 투표율 62.9%에 비해 12.9% 상승하였다. 1987년의 13대 대선에서 89.2%를 기록한 이후 지속적으로 하락세를 보이던 대선 투표율은 18대 대선에 와서 크게 상승하였다.

투표가 끝났다. 지상파 방송사의 출구조사 결과는 박근혜 후보의 승리를 예견하였다. 실제로 최종 개표 결과 새누리당 박근혜 후보는 51.55%인 1,577만 3,128표를 얻어, 1,469만 2,632표로 48.02%의 득표율에 그친 민주통합당 문재인 후보를 제치고 대통령에 당선되었다. 그 밖에 무소속 강지원 후보가 0.17%, 무소속 김순자 후보가 0.15%, 무소속 박종선 후보가 0.04%를 득표하였다.

재외국민 유권자 분석

18대 대선 재외 선거관리위원회는 164개 해외 공관에 설치되었다. 대사관 108곳, 총영사관 42곳, 출장소 5곳, 분관 9곳이었다. 출장소는 중국 다롄과 미국 앵커리지, 댈러스, 러시아 유주노사할린스크 등지에, 분관은 뉴질랜드 오클랜드, 자메이카 킹스턴, 독일 본, 스페인 라스팔마스 등에 각각 설치되었다. 아프가니스탄과 예멘, 리비아에는 대사관이 있음에도 불구하고 반정부 시위와 테러 등 정세가 불안해 재외 선거관리위원회가 들어서지 못하였다.

재외 선거관리위원회가 국가별 재외국민의 규모에 따라 설치된 점을 고려해 재외국민의 대체적인 분포를 짚어 보자. 외교통상부에서 발행한 《2011년 재외동포 현황》에 따르면 전체 재외국민은 279만 6,024명이다. 영주권자는 114만 8,891명이고 해외 체류자는 164만 7,133명이다. 체류자 가운데 일반 체류자는 131만 7,554명, 그리고 유학생은 32만 9,579명이다.

국가별로는 미국에 가장 많은 재외국민이 살고 있다. 영주권자와 체류자를 합해 108만 2,708명이며, 다른 지역에 비해 재외국민이 압도적으로 많다. 체류자가 61만 8,554명으로 영주권자 46만 4,154명에 비해 15만 명 가까이 많은 것으로 조사되었다. 체류자 가운데는 일반 체류자가 51만 2,938명으로 유학생 10만 5,616명보다 5배 가량 많다.

미국에 이어 일본과 중국, 캐나다, 독립국가연합이 재외국민의 수에서 상위를 차지하였다. 일본은 미국과 구성 비율이 달랐다. 일본의 재외국민은 57만 8,135명인데, 영주권자가 46만 1,627명으로 압도적으로 많았다. 일반 체류자는 9만 6,146명, 유학생은 2만 362명이었다.

중국의 경우 체류자는 36만 4,865명이고, 이 가운데 30만 7,142명이 일반 체류자, 나머지 5만 7,723명이 유학생이었다. 영주권자는 4,161명에 불과하였다. 캐나다는 재외국민 12만 8,826명 가운데 영주권자가

8만 5,951명으로 체류자 4만 2,875명보다 많았다. 캐나다 체류자 중 일반 체류자와 유학생은 각각 2만여 명으로 비슷하였다.

유럽은 10만 4,647명의 재외국민 가운데 체류자가 8만 1,423명, 영주권자는 2만 3,224명이었다. 체류자 가운데는 일반 체류자가 유학생보다 7천 명 가량 많았다. 중남미는 7만 8,962명의 재외국민 가운데 영주권자가 5만 3,297명, 체류자가 2만 5,665명, 유학생은 767명이었다. 독립국가연합에는 체류자 1만 1,717명과 영주권자 420명 등 1만 2,137명이 살고 있었다.

공관 관할 지역별로 보면, 재외국민이 가장 많은 지역은 미국 로스앤젤레스 총영사관이다. 2위는 뉴욕 총영사관, 3위는 오사카 총영사관, 4위는 일본 대사관, 5위는 애틀랜타 총영사관, 6위는 중국 대사관, 7위는 휴스턴 총영사관, 8위는 샌프란시스코 총영사관, 9위는 시카고 총영사관, 10위는 시애틀 총영사관이다.

재외국민 규모가 큰 10개 공관 가운데 7곳이 미국에 있으며, 2곳이 일본, 한 곳이 중국에 있다. 이밖에 11위는 필리핀 대사관이고, 12위는 칭타오 총영사관, 13위는 시드니 총영사관순으로 재외국민이 산재해 있다.

좀더 구체적으로 살펴보자. 재외국민이 가장 많이 사는 미국 서부 로스앤젤레스 총영사관 관할 지역의 한국인은 모두 24만 7,074명이다. 영주권자는 11만 510명, 체류자는 13만 6,564명으로 체류자가 2만 명 이상 많다. 체류자 가운데 12만 207명이 단기간 머무는 일시 체류 형태였으며, 1만 6,357명이 유학생이었다.

한인 해외 커뮤니티 규모 2위인 뉴욕 총영사관 관할 지역의 재외국민은 18만 1,400명이다. 영주권자는 5만 2,500명, 체류자는 12만 8,900

명으로 체류자가 두 배 이상 많았다. 애틀랜타, 샌프란시스코, 시카고 총영사관 관할 내 재외국민 역시, 로스앤젤레스와 뉴욕처럼 체류자가 많았지만, 휴스턴과 시애틀은 영주권자가 더 많이 살고 있었다. 캐나다의 벤쿠버와 토론토 총영사관의 경우도 관할 내 영주권자가 체류자보다 많은 것으로 나타났다.

일본 오사카 총영사관 관할 지역의 재외국민 17만 5,827명 가운데는 영주권자가 16만 877명으로 압도적이었다. 도쿄 대사관 관할 지역 내 재외국민은 16만 7,544명인데, 영주권자 9만 7,489명, 체류자 7만 55명이었다.

중국 내 최대 한국인 사회인 베이징 대사관 관할 지역에는 12만 600명이 살고 있는데, 영주권자는 한 명도 없고 모두 체류자들이었다. 일시 체류자는 9만 5,800명, 유학생은 2만 4,800명이었다. 칭타오 총영사관 관할 지역 역시 8만 8,800명의 재외국민 모두가 체류자 신분이었다. 일시 체류자는 8만 800명, 유학생은 8천 명이었다.

구주 공관 가운데 재외국민이 가장 많은 영국 대사관 관할 지역에는 재외국민 4만 2,990명이 살고 있는데, 체류자가 3만 3,820명으로 대부분을 차지하였다. 프랑스 대사관 관할 지역에는 1만 1,902명의 재외국민 가운데 체류자가 9,634명이었다. 프랑스는 유학생이 6,325명으로 과반을 차지하였다. 독일 프랑크푸르트 총영사관 관할 지역에는 9,374명이 살고 있는데, 일시 체류자가 5,434명이었다.

남미에서는 브라질 상파울루 총영사관 관할지역에 재외국민이 가장 많았다. 모두 2만 5,053명에 달하였으며, 2만 3,460명이 영주권자였다. 남미의 두 번째 재외국민 거주 지역은 아르헨티나 대사관 관할 지역으로 1만 4,934명이 살고 있었다. 그 가운데 영주권자는 1만 4,340명이었다.(《제18대 대통령 선거 총람》, 454~55쪽).

19대 대통령 선거를 위한 재외선거인 등록신청 및 국외 부재자 신고가 시작되었다. 2012년 7월 22일부터 10월 20일까지 재외공관과 국내 구, 시, 군청에서 접수가 이루어졌다. 재외공관에는 재외선거인 4만 3,248건, 국외 부재자 17만 6,794건 등 22만 42건이 접수되었고, 국내에는 국외 부재자 신고 3,515건이 접수되었다.

미국의 경우 86만 6,170명의 추정 재외선거권자 가운데 5.9%인 5만 1,454명이 재외선거를 신고, 신청하였다. 미국 내에서 접수율이 가장 높았던 곳은 보스턴 총영사관 관할 지역으로 27.5%가 재외선거를 신청하였다.

보스턴 지역의 신청률이 높았던 것은 체류자들의 관심이 높았던 탓이다. 영주권자는 3,717명의 9.3%인 346명이 재외선거인 신청을 했지만, 체류자의 경우 9,174명의 34.9%인 3,202명이 국외 부재자로 신고하였다. 보스턴이 교육도시인 점을 감안하면 유학생들의 상당수가 투표 참여 의사를 보인 것으로 추정해 볼 수 있는 대목이다.

미국 내에서 재외국민 규모가 가장 큰 로스앤젤레스 총영사관 관할 지역은 어떤 상황이었을까? 이 지역의 재외선거 신고, 신청률은 5.2%로 미국 전체의 평균치를 밑돌았다. 추정 재외선거권자 가운데 영주권자는 8만 8,408명인데, 그중 재외선거를 신고, 신청한 사람은 4.5%인 3,997명에 불과하였다. 체류자의 경우 10만 9,251명 가운데 5.7%인 6,199명이 투표 참여를 신청하였다. 영주권자보다는 약간 높지만 저조한 참여율을 보였다.

캐나다 재외국민의 경우는 추정 재외선거권자 10만 3,061명 가운데 9,426명이 신청해 9.2%의 신고, 신청률을 기록하였다. 캐나다 영주권자는 6만 8,761명 가운데 1,847명이 접수해 2.7%의 신청률을 보였고, 체류자는 3만 4,300명 가운데 22.1%인 7,579명이 접수하였다.

일본의 경우 46만 2,509명의 추정 재외선거권자 가운데 3만 7,126명이 참여해 8.0%의 신고, 신청률을 보였다. 미국과 마찬가지로 일본 역시 영주권자의 투표 참여율이 체류자에 비해 저조하였다. 영주권자 36만 9,301명 가운데 2만 140명만이 접수하였고, 체류자는 9만 3,208명 가운데 1만 6,986명이 신고하였다. 일본 내 한국 재외국민이 가장 많은 오사카 총영사관 관할 지역의 경우 영주권자 12만 8,702명 가운데 5,002명이 재외선거 참여 의사를 밝혀 접수율 3.9%를 기록하였다. 체류자는 1만 1,960명 가운데 23.4%인 2,794명이 투표 참여 의사를 보였다. 일본 대사관 관할 지역의 참여율은 오사카보다 높았다. 영주권자 7만 7,991명의 6.8%인 5,281명, 그리고 체류자 5만 6,044명의 14.7%인 8,238명이 선거 참여 의사를 밝혔다.

중국은 재외선거권자로 추정되는 29만 5,220명 가운데 12.1%인 3만 5,630명이 재외선거를 신고, 신청하였다. 우한 총영사관 재외국민의 경우 추정 재외선거권자 1,040명 가운데 46.8%가 투표 참여 의사를 밝혀 중국 내 재외선거 신청률 1위를 기록하였다. 시안 총영사관 역시 44.0%의 접수율을 보였다. 상하이 총영사관 관할에서는 추정 재외선거권자 3만 2,093명 가운데 9,017명이 참여해 28.1%의 신고, 신청률을 기록하였다. 중국 전체 평균 신청률의 두 배를 웃도는 수치다. 중국 대사관 관할 지역의 경우 10.4%의 접수율을 나타냈다.

독일의 재외선거 신고, 신청률은 28.4%였다. 1만 8,964명 가운데 5,381명이 접수하였다. 독일의 경우 영주권자의 접수율은 9.8%, 체류자의 접수율은 35.2%였다. 프랑스는 대상 9,521명 가운데 3,211명이 참여해 33.7%라는 높은 신고, 신청률을 기록하였다. 프랑스는 영주권자의 접수율이 2.3%, 체류자의 접수율이 41.1%로 큰 차이를 보였다.

신고, 신청률을 대륙별로 보면 아주 지역이 10.3%, 미주 지역이 7.0%, 구주가 25.5%, 중동이 64.8%, 아프리카가 38.1%였다. 수치에서 알 수 있듯이, 중동과 아프리카 대륙의 재외국민들은 1만 명 안팎에 불과하지만 투표 참여 의사는 매우 높았다.

그밖에 아주 대륙의 네팔, 동티모르, 라오스, 브루나이, 파푸아뉴기니, 미주 대륙의 엘살바도르, 트리니다드토바고, 파나마, 구주의 러시아 유주노사할린스크, 벨라루스, 세르비아, 아일랜드, 카자흐스탄, 크로아티아, 타지키스탄 두산베, 투르크메니스탄, 포르투갈, 핀란드 공관 관할 재외국민들도 60% 이상의 높은 신고, 신청률을 보였다. 아랍에미리트와 오만 대사관 등 일부 공관에서는 인근 지역의 재외국민이 함께 참여하면서 100%를 웃도는 신청률을 보이기도 하였다.(《제18대 대통령 선거 총람》, 466~72쪽)

재외국민들은 18대 대선 투표를 신청, 신고하기 위해 전자우편과 순회 접수를 활용하거나 공관을 방문하였다. 총 22만 42명의 재외공관 접수자 가운데 4만 3,248명의 재외선거인과 17만 6,794명의 국외 부재자들 사이에는 접수 방법에서도 차이가 나타났다.

유학생과 일반 체류자 등 국외 부재자들의 신고 17만 6,794건 가운데는, 순회 접수에 응한 경우가 41.5%인 7만 3,394건으로 가장 많았다. 공관 방문이 35.6%인 6만 2,861건으로 뒤를 이었으며, 우편 접수가 12.3%인 2만 1,787건, 전자우편이 10.6%인 1만 8,752건이었다.

재외선거인의 등록 신청 4만 3,248건 가운데는 본인이 직접 공관을 방문하거나 가족들을 대리해 공관에 접수하는 방식이 2만 7,567건으로 63.7%를 차지하였으며, 순회 접수 방식이 1만 2,837건으로 29.7%, 전자우편이 2,844건으로 6.6%순이었다.

미주 대륙의 경우 재외선거인으로 등록한 2만 358명 가운데 전자우편을 이용한 사람은 1,817명에 불과하였다. 반면 공관을 방문한 사람은 1만 2,030명, 순회 접수를 이용한 사람은 6,511명에 달하였다. 미주 대륙의 국외 부재자 5만 2,448명 가운데는 공관을 방문한 사람이 1만 4,260명, 순회 접수가 2만 6,445명, 우편 접수가 4,874명, 전자우편이 6,869명이었다. 우편 접수가 허용되지 않은 재외선거인들이 공관 방문 접수를 많이 한 사실을 알 수 있다.

18대 대통령 선거를 위한 재외선거인 접수가 끝나고 대륙별 선거인 수가 22만 2,389명으로 확정되었다. 19대 총선 당시의 재외선거인수 12만 3,571명보다는 많았지만 여전히 기대에는 미치지 못하는 수준이었다.

18대 대선 선거인으로 확정된 재외선거인은 4만 3,201명, 국외 부재자는 17만 9,188명이었다. 아주 대륙은 11만 2,992명으로 전체 재외국민의 50.8%를 차지해 가장 큰 비중을 차지하였다. 이 가운데 재외선거인은 2만 1,957명, 국외 부재자는 9만 1,035명이었다.

미주 지역은 재외선거인 2만 324명, 국외 부재자 5만 3,204명 등 총 7만 3,528명으로 대륙별로 볼 때 두 번째로 선거인 규모가 컸다. 전체 재외국민의 33.1%였다. 구주는 재외선거인 835명, 국외 부재자 2만

3,299명 등 2만 4,134명으로 전체 재외국민의 10.9%였다. 중동은 국외 부재자 8,310명, 재외선거인 25명 등 8,335명이 접수해 전체의 3.7%를 차지하였고, 아프리카는 국외 부재자 3,340명 등 3,400명이 접수해 전체의 1.5%를 점유하였다.

선거인의 수가 많은 지역을 공관별로 보면 일본 대사관이 1만 3,658명으로 가장 많았으며, 뉴욕 총영사관 1만 1,105명, 로스앤젤레스 총영사관 1만 242명, 중국 대사관 1만 20명이었다. 이들 4개 공관을 제외한 다른 지역은 1만 명 이하였다. 상하이 총영사관 9,019명, 오사카 총영사관 7,826명, 호치민 총영사관 5,838명, 칭타오 총영사관 5,571명, 미국 대사관 5,061명순이었다.

선기에 참여를 신청한 재외국민의 수가 5천 명에서 3천 명 사이인 공관은 싱가포르 대사관, 시드니 총영사관, 인도네시아 대사관, 나고야 총영사관, 광저우 총영사관, 필리핀 대사관, 보스턴 총영사관, 샌프란시스코 총영사관, 시애틀 총영사관, 시카고 총영사관, 애틀랜타 총영사관, 상파울루 총영사관, 밴쿠버 총영사관, 토론토 총영사관, 영국 대사관, 프랑스 대사관이었다. 재외선거인이 가장 적은 공관은 크로아티아 대사관으로 투표 신고를 한 재외국민은 30명에 불과하였다.

재외국민 연령 구성의 특징

앞서 19대 총선에서 국외 부재자의 연령 구성 비율과 공관별 연령 분류를 짚어 보고, 그들의 투표 성향을 대략적으로 점검해 보았다. 이제

18대 대통령 선거에 재외선거를 신고, 신청한 이들을 연령별로 분류해 보자.

19세가 3,077명, 20대 5만 1,249명, 30대 5만 8,233명, 40대 5만 5,247명, 50대 3만 222명, 60대 이상 2만 4,181명으로 구성되어 있다. 30대가 26.2%로 가장 많고, 40대가 24.9%로 두 번째로 많다. 20대는 23%로 그 뒤를 따르고 있다. 50대는 13.6%, 60대 이상은 10.9%를 차지하고 있다. 19세는 1.4%로 나타났다. 세대별로 분류해 보면, 20, 30대 (19세 포함)가 50.6%로 절반을 넘고 있다. 40대까지 확장한 20~40대(19세 포함)는 75.5%를 차지한다. 50대 이상은 24.5%이다. 50대 이상이 40대 이하 세대의 3분의 1에도 못 미친다.

표13   접수 연령별 재외선거인 현황

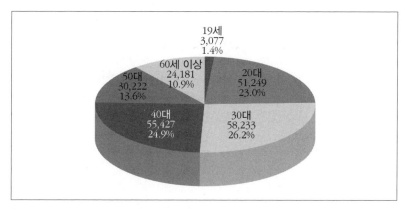

* 《제18대 대통령 선거 총람》, 501쪽.

재외국민 가운데 영주권자 등 재외선거인을 별도로 분석해 보자. 전체 4만 3,201명 가운데 19세 199명, 20대 2,721명, 30대 4,598명, 40

대 8,620명, 50대 1만 257명, 60대 이상 1만 6,806명이다. 40대 이하는 1만 6,138명, 50대 이상은 2만 7,063명이다. 재외선거인의 62.6%가 50대 이상이고, 40대 이하는 37.4%에 불과하다는 사실을 알 수 있다.

국외 부재자의 경우는 17만 9,188 명 가운데 19세 2,878명, 20대 4만 8,528명, 30대 5만 3,635명, 40대 4만 6,807명, 50대 1만 9,965명, 60대 이상 7,375명으로 집계되었다. 40대 이하가 15만 1,848명, 50대 이상은 2만 7,340명이었다. 40대 이하가 84.7%로 절대적으로 많고, 50대 이상은 15.3%에 불과하였다.

18대 대선에 선거인 신고를 한 재외국민의 연령별 분포를 분석해 보면 몇 가지 특징이 나타난다.

첫째, 대선 재외선거를 신청한 재외국민의 연령대 분포는 국내 선거인단 연령대 분포와 비교해 상이점을 발견할 수 있다. 전국적인 선거인단을 연령별로 분류해 보면 50대 이상이 40.0%로 30대 이하의 38.2%에 비해 약간 더 많지만, 재외선거인단은 30대 이하가 50.6%로 과반을 차지하고, 50대 이상은 24.5%로 절반에도 못 미친다. 젊은 층의 야당 지지 성향에 힘입어 재외선거에서 야당이 우세할 가능성을 읽을 수 있는 대목이다.

둘째, 영주권자가 대부분인 재외선거인의 경우 50대 이상이 62.6%로, 노년층이 압도적으로 많다. 영주권자의 거주 분포가 높은 미국 일부 대도시와 일본 등의 경우, 국내 노장년층의 투표 행태와 비슷한 투표 양상을 보일 가능성을 시사하는 대목이다. 실제로 재외선거인이 투표에 참여했던 19대 총선 비례 대표 재외선거에서는 지역구 총선에 비해 새누리당 지지율이 높았던 점을 상기해 볼 만하다.

셋째, 국외 부재자의 경우는 40대 이하가 84%를 웃돌 정도로 절대 다수를 차지하고 있다. 이들은 유학생이나 상사 주재원처럼 해외에 머물면서 국외 부재자 투표를 신청한 경우로 판단된다. 이들 국외 부재자들은 체류자 신분인 만큼 오히려 모국의 정서를 교감할 공산이 높고, 특히 젊은 층은 비슷한 나이의 국내 젊은 층과 투표 성향이 다르지 않을 거라는 추측을 가능하게 한다. 19대 총선 재외선거에서 이들이 참여한 지역구 의원 선거의 경우, 야당의 지지세가 강하게 드러났다. 세대별 투표 가능성을 높여주는 대목이다.

이 같은 인식을 토대로 재외국민의 지역별, 연령별 분포를 파악해 보자. 아주 대륙 재외선거인의 연령별 분포를 보면 40대 이하가 8만 3,705명이고, 50대 이상은 2만 9,287명이다. 40대 이하가 74.1%, 50대 이상은 25.9%다.

미주 대륙은 40대 이하가 5만 4,319명, 50대 이상은 1만 9,209명이었다. 40대 이하와 50대 이상이 73.8% 대 26.1%의 비율로, 아주 대륙과 연령별 구성 비율이 거의 비슷하였다. 다만 아주 대륙은 국외 부재자가 9만 1,035명으로 재외선거인 2만 1,957명에 비해 4배 이상 많은 데 반해, 미주 대륙은 국외 부재자가 5만 3,204명으로 재외선거인 2만 324명에 비해 2.5배 가량 많다는 차이가 있었다.

구주 대륙은 40대 이하가 2만 862명으로 86.4%를 차지하였고, 50대 이상은 3,272명으로 13.6%였다. 구주 대륙의 경우 국외 부재자가 그 지역 재외국민의 96.5%를 차지하고 있다.

이번에는 몇몇 공관의 사례를 분석해 보자. 일본 대사관의 경우 재외선거인은 38.7%인 5,283명, 국외 부재자는 61.3%인 8,375명으로 총

1만 3,658명이 재외투표를 신청하였다. 20대 3,279명, 30대 3,510명, 40대 2,754명 등 40대 이하가 9,543명으로 69.9%였고, 50대 이상은 4,115명으로 30.1%였다. 다시 말하면 도쿄에 있는 일본 대사관 관할 지역에서 18대 대선투표를 신청한 재외국민은 국외 부재자가 재외선거인에 비해 6 대 4의 비율로 더 많고, 40대 이하가 50대 이상에 비해 7 대 3의 비율로 비중이 높았다.

중국 대사관 관할 재외국민의 경우 20대 3,764명, 30대 2,174명, 40대 2,954명 등 40대 이하가 8,892명이고, 50대 971명 등 50대 이상은 1,128명으로 집계되었다. 중국 대사관 관할 내 재외국민 중 대통령 선거 투표를 신청한 이들 가운데 88.7%가 40대 이하로 분류된 것이다. 중국 대사관 관할 시역 내에서는 특히 3명의 재외선거인을 제외한 1만 17명이 국외 부재자였다.

미주 대륙에서 재외투표 접수가 가장 많았던 뉴욕 총영사관 관할 지역은 40대 이하가 8,631명이었고, 50대 이상은 2,474명이었다. 50세를 기준으로 그 이하가 77.7%, 50세 이상은 22.3%의 연령별 분포를 보였다. 뉴욕 총영사관 관할 지역의 재외선거인과 국외 부재자는 2,544명과 8,561명으로 각각 22.9%, 77.1%를 차지해 연령별 분포와 거의 같았다.

뉴욕에 이어 미주 내에서 두 번째로 많은 재외국민이 접수한 로스앤젤레스의 경우 20대 1,858명, 30대 2,487명, 40대 2,027명 등 40대 이하는 6,372명이었고, 50대 이상은 3,870명 이었다. 비율로는 62.2% 대 37.8%로 40대 이하가 많았다. 로스앤젤레스 역시 국외 부재자가 61.2%, 재외선거인은 38.8%로 연령별 분포와 비슷하였다.(《제18대 대통

령 선거 총람》, 502~07쪽)

　　이제 중앙선관위의 분류에 따라 19대 대선 신고, 신청을 한 재외국민의 국내 연고지별로 구성비를 짚어 보자. 투표 신청을 한 재외국민 22만 2,389명 가운데 서울 출신이 35.2%인 7만 8,247명으로 가장 많았다. 이 가운데 재외선거인은 1만 3,868명이고 국외 부재자는 6만 4,379명이다.

표14 　　　　　　　　제18대 대선 시도별 재외국민 현황

시 · 도명	계	구성비(%)	재외선거인	국외 부재자
합계	222,389	100.0	43,201	179,188
서울특별시	78,247	35.2	13,868	64,379
부산광역시	14,412	6.5	2,177	12,235
대구광역시	7,420	3.3	1,274	6,146
인천광역시	9,727	4.4	1,214	8,513
광주광역시	3,360	1.5	347	3,013
대전광역시	4,832	2.2	501	4,331
울산광역시	3,335	1.5	593	2,742
세종시	356	0.2	42	314
경기도	52,286	23.5	5,720	46,566
강원도	3,432	1.5	460	2,972
충청북도	3,813	1.7	607	3,206
충청남도	4,664	2.1	745	3,919
전라북도	4,739	2.1	697	4,042
전라남도	4,686	2.1	1,560	3,126
경상북도	9,410	4.2	4,170	5,240
경상남도	12,598	5.7	5,519	7,079
제주특별자치도	5,072	2.3	3,707	1,365

* 《제18대 대통령 선거 총람》, 490쪽.

경기도 출신 재외국민이 23.5%인 5만 2,286명으로 두 번째로 많았다. 이 중 재외선거인은 5,720명, 국외 부재자는 4만 6,566명이다. 서울, 경기도에 이어 부산광역시 출신 재외국민 1만 4,412명, 경상남도 1만 2,598명, 인천광역시 9,727명, 경상북도 9,410명, 대구광역시 7,420명, 제주특별자치도 5,072명이 선거에 참여하겠다고 신청하였다. 대진광역시, 전라북도, 전라남도, 충청남도 출신 재외국민은 4천 명대, 강원도와 광주광역시, 울산광역시 출신은 3천 명대, 세종특별자치시는 356명이 신청하였다.

이들의 연고지별 연령대를 살펴보면, 서울특별시의 경우 40대 이하가 5만 7,850명으로 73.9%, 50대 이상이 2만 397명으로 26.1%를 차지하였다. 국외 부재자는 6만 4,379명으로 재외선거인 1만 3,868명보다 5배 가까이 많았다.

부산광역시는 40대 이하가 78.65%인 1만 1,336명으로 50대 이상보다 훨씬 많았다. 부산의 재외선거인은 2,177명, 국외 부재자는 1만 2,235명이었다. 40대 이하의 비율이 50대 이상에 비해 많은 것은 대도시의 공통된 현상이었다. 대구는 40대 이하가 5,988명으로 80.7%, 인천은 7,636명으로 78.5%, 광주는 2,924명으로 87.0%였다.

경기도는 40대 이하가 4만 2,188명으로 재외국민 5만 2,286명의 80.7%를 차지하였다. 국외 부재자는 4만 6,566명으로 재외선거인 5,720명에 비해 8배 가량 많았다. 강원도는 40대 이하가 2,777명으로 그 지역 출신 재외국민 3,423명의 80.9%를 차지하였다. 충청북도는 재외국민 3,813명 가운데 40대 이하가 3,083명으로 80.9%였다. 충청남도는 4,664명 가운데 40대 이하가 3,703명으로 79.4%였고, 전라북도는

4,739명 가운데 40대 이하가 3,936명으로 83.1%였다.

전라남도는 4,686명 가운데 20대 1,226명, 30대 1,109명, 40대 1,005명 등 40대 이하가 3,340명으로 71.3%를 차지하였고, 50대는 523명, 60대 이상은 823명이었다. 경상북도는 9,410명 가운데 20대 2,064명, 30대 2,163명, 40대 1744명으로 40대 이하가 63.5%였고, 50대는 1,237명, 60대 이상 2,202명이었다. 경상남도 출신의 재외국민 1만 2,598명은 20대 2,906명, 30대 2,753명, 40대 2,379명으로 40대 이하가 63.8%인 8,038명이었고, 50대 1,620명, 60대 이상 2,940명이었다. 제주도는 5,072명의 출신 재외국민 가운데 20대가 769명, 30대 840명, 40대 722명 등 40대 이하가 2,331명으로 46.0%를 차지하였고, 50대 844명, 60대 이상 1,897명이었다.

연령별 분포를 보면 대도시를 비롯한 대부분의 지역에서 40대 이하 재외국민이 50대 이상의 노장년층 재외국민에 비해 8 대 2 정도로 많은 비율을 차지하고 있다. 경상남북도와 전라남도, 제주도의 경우 50대 이상 재외국민의 비중이 다른 지역에 비해 높은 점이 이색적이었다. 특히 제주도와 경상남북도의 60대 이상 재외국민의 비율은 다른 지역에 비해 두드러지게 높았다. 제주도의 경우 50대 이상 재외국민이 2,741명으로 30대 이하 1,609명에 비해 1.5배 이상 많았다. 40대는 722명이었다.

특히 이들 세 곳의 60대 이상 재외국민은 50대보다도 숫자가 많았다. 이 세 지역의 공통점은 다른 지역에 비해 재외 선거인이 많다는 점이었다. 제주도의 경우 재외선거인이 3,707명으로 국외 부재자 1,365명보다 3배 가까이 많다. 경상북도는 재외선거인이 4,170명, 국외 부재자가 5,240명이었고, 경상남도는 재외선거인이 5,519명, 국외 부재자가

7,079명이었다.

　제주도 출신의 재외국민이 충청남북도, 전라남북도, 강원도, 대전, 광주, 울산광역시 출신의 재외국민보다 많다는 점도 눈길을 끄는 대목이다. 제주도의 선거인 수가 전국 단위로 볼 때 가장 적다는 점을 감안하면, 제주도의 재외국민 숫자가 얼마나 큰 비중을 차지하고 있는지 확인할 수 있다.

　제주도 출신의 재외국민이 많고, 노장년층이 많고, 재외선거인이 많은 것은, 이 지역 출신 재일동포들이 많다는 일반의 인식과 궤를 같이한다. 경상남북도 역시 재일교포의 힘이 재외국민의 비중을 끌어올린 배경으로 추측된다.(《제18대 대통령 선거 총람》, 512~22쪽)

　이상과 같이 재외국민의 연령별 구성비가 40대 이하에 몰려 있는 점을 감안하면 총선과 마찬가지로 대선에서도 역시 야권이 재외투표에서 강세를 보일 것임을 예측할 수 있다.

　18대 대선 재외선거 결과를 분석하기에 앞서 재외국민의 지역별, 연령별, 연고지별 분포를 분석한 것은 접근할 수 있는 자료의 한계 때문이다. 선거의 통계에 관한 한 중앙선관위가 모든 자료를 공개하고 있는데, 재외선거의 경우 선거 총람과 백서를 통해 제한적인 결과만을 공개한다.

　재외선거의 투표 결과는 해외에서 직접 개표하지 않고, 국내로 보내 개표가 이루어진다. 그런 다음 선관위의 기준에 따라 재외국민의 연고지별로 분류돼 공개된다. 그것도 등록 신청, 신고를 한 재외국민을 대상으로 한 분류일 뿐, 실제로 선거에 참여한 재외국민들에 대해서는 상세한 내용을 공개하지 않고 있다. 이런 한계 때문에 투표에 참여한 재외국민들의 표심을 그들의 거주 국가별로 파악하기는 현재로서는 불가능한 상황이다.

비밀 투표 원칙을 훼손하지 않는 범위 내에서 재외선거에 관한 자료가 공개되는 날을 기대한다. 특히 연고지를 떠난 지 오래된 재외국민들의 경우 그들 나름의 정책적 판단이 있을 수 있고, 후보를 선택할 권리가 있으며, 그것 또한 집단의 정치적인 선택으로 평가할 필요가 있다. 또한 향후 입법이나 정책에 반영하는 근거가 될 수 있다. 중앙선관위의 제한적인 자료 공개와 분류 방식은 그런 판단의 근거에 대한 접근을 어렵게 한다.

일각에서는 재외 선거의 공관별 또는 국가별 투표 결과가 드러날 경우 공관장 평가와 연관될 수 있기 때문에 중앙선관위가 재외국민들의 지역별 표심을 공개하지 않는다는 이야기도 나온다. 사실과 다른 오해일 가능성이 크지만, 선관위가 이런 뜬소문을 잠재우기 위해서라도 전향적인 입장을 취하기를 촉구한다.

전국적인 단위의 선거에서 거주 지역별로 투표 성향이 드러나는 것은 불가피한 일이다. 그런데도 재외선거만 부작용이 있다는 이유로 결과를 공개하지 않는 것은 국민의 알 권리와 형평성 차원에서 문제가 제기될 수 있으며, 행정 편의주의라는 비판을 살 우려도 있다.

2. 대선 재외선거 투표 분석

　재외국민들의 투표는 국내보다 2주 가까이 앞선 2012년 12월 5일부터 시작되었다. 지역별로 짧게는 4일, 길게는 6일 동안 투표가 진행되었다. 대사관과 총영사관은 물론 한국문화원, 한인회, 관공서, 학교, 은행 등에도 투표소가 설치되었다. 말레이시아, 인도네시아, 중국 상하이, 아르헨티나, 에콰도르 등지에서는 현지 경찰이 투표소 경비에 나서기도 하였고, 사설 경비요원을 배치한 공관도 있었다.

　재외선거를 신청한 22만 2,389명 가운데 15만 8,225명이 투표에 참가해 71.1%의 투표율을 기록하였다. 아주 지역의 투표율은 69.0%로 7만 7,929명이 참여하였다. 일본 대사관 관할 지역에서 9,631명이 투표에 참가해 아주 지역 1위를 기록하였다. 투표율은 70.5%였다. 중국 대사관은 6,846명이 투표해 아주지역에서 두 번째로 많았다. 투표율은 68.3%를 보였다. 그 뒤를 이어 상하이 총영사관에서 6,745명이 투표에 참여하였다.

　미주 대륙의 투표율은 72.9%였다. 이 지역 재외선거 신청자 7

만 3,528명 가운데 5만 3,606명이 투표에 참여하였다. 뉴욕 총영사관은 68.0% 투표율로 7,548명이 참여하였고, 로스앤젤레스 총영사관은 79.6%로 8,156명이 투표하였다. 로스앤젤레스 총영사관이 미주 대륙 내에서 가장 많은 투표자를 기록하였다. 미국 대사관, 캐나다 밴쿠버 총영사관, 아르헨티나 대사관에서도 2천 명 이상의 재외국민들이 투표하였다.

구주에서는 독일 내 4개 공관, 영국 대사관, 프랑스 대사관 등에서 각각 2천 명 이상이 투표하였다. 중동에서는 아랍에미리트 대사관, 아프리카에서는 케냐 대사관이 그 지역 내에서 가장 많은 투표자 수를 기록하였다.(《제18대 대통령 선거 총람》, 541~46쪽)

이들 재외선거인단의 투표 용지는 2012년 12월 11일부터 16일 사이에 국내 대통령 선거일에 앞서 모두 국내에 도착하였다. 투표 용지 회수는 각 공관이 우편으로 직접 보내거나 부근의 허브 공항을 경유하는 방식으로 이루어졌다. 중앙선관위는 이들 재외국민들의 투표를 일단 재외 선거인과 국외 부재자로 구분한 다음, 국내 연고지별로 분류하였다.

제1야당 후보의 우세

18대 대통령 선거에는 재외국민 15만 8,196명이 참여하였다. 투표를 하겠다며 선거인으로 신고, 신청한 22만 2,389명의 71.1%에 이르렀다. 하지만 중앙선관위가 재외선거권자로 추정한 223만 6,819명과 비교하면 투표 참여율은 7.1%에 불과하다. 재외선거를 도입하면서 고조되었던 분위기에 비하면 18대 대선 재외국민 투표율은 저조한 수준을 보였다. 다만, 8개월 전에 실시된 19대 국회의원 총선에 비하면 참여 열기가 다소 높아졌다. 19대 총선 비례대표 선거는 12만 3,571명이 접수해 5만 6,456명이 투표하였다. 등록률 대비 투표율은 45.7%, 선거인 수 대비 투표율은 2.5%에 불과하였다. 지역구 선거는 10만 2,519명이 접수해 4만 3,128명이 투표하였고, 등록률 대비 투표율은 42.1%로 더 낮았다.

18대 대통령 선거에서 투표한 재외국민 중의 유효투표자 15만 7,291명은 야당 후보에게 더 많은 지지를 보냈다. 전체 선거의 개표 결과와는 다른 선택이었다. 민주통합당 문재인 후보는 8만 9,192표를 받았고, 새누리당 박근혜 후보는 6만 7,319표를 받았다. 문재인 후보와 박근혜 후보 사이의 표 차이는 2만 1,873표였다. 투표에 참여한 재외국민 표의 56.7%를 문재인 후보가 차지하였고, 42.8%를 박근혜 후보가 차지하였다. 문 후보가 13.9% 앞섰다. 무소속 강지원 후보는 353표, 김순자 후보는 178표, 김소연 후보는 155표, 박종선 후보는 94표를 각각 얻었다.

무효로 처리된 경우가 905표였고, 6만 4,193명이 기권한 것으로 드러났다. 번거롭고 복잡한 절차를 거쳐 선거인으로 등록한 뒤 마지막 단계에서 투표를 하지 않은 재외국민이 6만 4,193명으로 30% 가까이 이른다는 것은 현행 재외국민 선거제도의 문제점을 노출한 게 아닐까 싶다. 앞선 19대 총선 재외선거에서도 신고, 신청인 가운데 54.3%인 6만 7,115명이 기권한 바 있다. 재외선거 제도의 문제점은 뒷부분에서 다루기로 한다.

재외국민의 지역별 투표 상황을 점검해 보자. 서울특별시의 경우 등록자 기준 74.0%의 투표율을 보였다. 민주통합당 문재인 후보가 3만 1,804표, 새누리당 박근혜 후보가 2만 5,572표를 각각 얻었다. 25개 구 가운데 22개 구에서 문재인 후보가 박근혜 후보를 앞섰다.

문 후보는 서울 관악구에서 박근혜 후보와 6백 표 이상 격차를 보인 것을 비롯해, 강서구와 노원구에서도 5백 표 이상 앞섰다. 중랑구, 성북구, 은평구, 마포구, 구로구, 동작구에서도 여유 있게 박근혜 후보를 제쳤다. 송파구와 강동구에서도 박근혜 후보를 앞섰다.

박근혜 후보는 중구, 용산구, 서초구, 강남구 등 4개 구에서 문재인 후보를 앞선 것으로 조사되었다. 용산에서 박근혜 후보는 1,175표를 얻어 989표를 얻은 문재인 후보를 크게 앞섰다. 서초구에서는 박 후보가 2,249표, 문 후보가 2,195표를 각각 받았다. 강남구에서는 박근혜 후보가 2,859표를 받아 2,463표를 받은 문재인 후보를 4백 표 가까이 앞섰다. 중구에서는 박근혜 후보가 658표, 문재인 후보가 490표를 받았다.

8개월 전 총선 지역구 의원 선출을 위한 재외투표에서 서울 지역의 새누리당이 48개 선거구 가운데 46곳에서 패했던 것과 비교하면, 새누리당 박근혜 후보는 그나마 선전을 한 것으로 평가된다. 총선 재외선거에서 앞섰던 강남 선거구를 지켰을 뿐 아니라, 당시 패배했던 서초구, 용산구, 중구에서도 문재인 후보를 앞질렀다. 하지만 서울지역 19대 총선 비례대표 선거의 새누리당 지지도에 비하면 크게 못 미치는 성적표였다.

부산광역시 재외선거에서는 69.3%의 투표율을 보인 가운데 민주통합당 문재인 후보가 5,706표, 새누리당 박근혜 후보가 4,186표를 얻었다. 16개 구 가운데 부산진, 동래, 해운대 등 13개 구에서 문재인 후보가 강세를 보였고, 중구, 기장군, 강서구 등 3개 구에서 박근혜 후보가 앞섰다. 앞선 총선 재외투표에서는 비례대표와 지역구 선거 모두 새누리당이 13 대 2, 16 대 2로 민주통합당을 크게 앞선 바 있다.

66.6%의 투표율을 보인 경상남도에서는 박근혜 후보가 4,493표를 얻어 3,788표에 그친 문재인 후보를 앞섰다. 시군구별로 보면 박근혜 후보는 진주시와 밀양시, 함안군, 합천군 등 15개 지역에서 우위를 차지하였고, 문재인 후보는 통영시와 김해시 등 6개 지역에서 앞섰다. 경남 지역 총선 재외투표의 경우 비례대표 선거에서는 새누리당이 압도적으로 이겼고, 지역구 의원 선거에서는 민주통합당과 통합진보당 등 야권 연대가 앞선 바 있다.

68.7%의 투표율을 보인 인천 재외선거에서는 민주통합당 문재인 후보가 3,937표를 얻어 2,675표에 그친 새누리당 박근혜 후보를 앞섰다. 옹진군을 제외한 전 지역에서 문재인 후보가 박근혜 후보를 앞섰다. 경기도 역시 문재인 후보가 2만 2,124표를 얻어 1만 4,492표를 얻은 박근혜 후보를 앞섰다. 문재인 후보는 동두천과 포천을 제외한 경기도 전 지역에서 박근혜 후보를 앞선 것으로 나타났다.

대구광역시에서는 박근혜 후보가 문재인 후보를 압도하였다. 69.2%의 투표율을 보인 가운데 새누리당 박근혜 후보가 2,712표, 민주통합당 문재인 후보가 2,354표를 얻었다. 8개 전 지역에서 박 후보가 문 후보를 여유 있게 따돌렸다. 경상북도의 재외선거 투표율은 67.5%로 평균치를 밑돌았는데, 박근혜 후보가 3,855표를 득표해 2,418표를 받은 문재인 후보를 큰 폭으로 앞섰다.

광주광역시에서는 문재인 후보가 2,119표를 얻어, 258표에 그친 박근혜 후보를 크게 앞섰다. 문재인 후보는 전라남도에서 2,325표 대 799표로 박근혜 후보를 앞섰으며, 전라북도에서도 2,745표 대 605표로 박 후보를 제쳤다.

대전광역시에서는 문재인 후보가 박근혜 후보를 눌렀다. 72%의 투표율을 보인 가운데 재외국민들은 박근혜 후보에게 1,219표, 문재인 후보에게 2,214표를 던졌다. 충청남도의 재외국민 역시 문재인 후보에게 더 많은 지지를 보냈다. 문 후보는 1,826표 대 1,298표로 박 후보를 앞섰다. 박근혜 후보는 금산, 서천, 청양, 예산에서 문 후보를 앞섰지만, 대부분의 충남 지역에서 열세를 면치 못하였다. 충북 역시 문재인 후보 지지도가 박근혜 후보 지지도보다 높았다. 문 후보는 1,558표, 박 후보는 1,060표를 얻었다. 다만, 영동과 보은에서는 박 후보의 지지도가 더 높았다.

강원도는 문재인 후보가 박근혜 후보를 앞섰다. 문 후보는 1,434표를 얻어 박 후보의 934표보다 5백 표를 앞섰다. 강원도 내에서 박 후보가 문 후보를 앞선 곳은, 동해시와 화천군 두 곳이었다. 제주도는 박근혜 후보가 크게 앞섰다. 제주도 출신 재외국민들은 박근혜 후보에게 2,037표를 주었고, 문재인 후보에게 1,480표를 던졌다. 앞서 8개월 전 19대 총선에서 제주도와 강원도의 재외국민들은 비례대표 선거에서는 새누리당의 손을 들어주었고, 지역구 의원 선거에서는 민주통합당을 지지했었다.

제주도에서 박근혜 후보가 선전한 것은, 앞서 언급한 것처럼, 노장년층이 많고 영주권자가 많은 이 지역 출신 재외국민들의 특징과 맞물려 있다고 봐도 큰 무리는 없을 것 같다.

재외선거와 전국 투표의 결과 비교

18대 대선 재외국민의 투표 결과를 전국적인 개표 결과와 비교 분석해 보자. 전국적인 개표 결과 서울에서 박근혜 후보는 문재인 후보에게 48.2% 대 51.4%로 3.2% 뒤졌다. 박근혜 후보는 서울 25개 구 가운데 용산구, 서초구, 강남구, 송파구, 강동구 등 5개 구에서 앞섰고, 나머지 20개 구에서는 문재인 후보에게 뒤졌다. 박 후보는 용산구에서 52.3% 대 47.3%, 서초구에서 58.6% 대 41.0%, 강남구에서 60.1% 대 39.5%, 송파구에서 52.0% 대 47.5%, 강동구에서 50.4% 대 49.2%로 각각 문 후보를 눌렀다. 서울 출신의 재외국민들은 대선에서 55.2% 대 44.4%로 문재인 후보를 더 선호하였다. 두 후보간 재외선거의 격차는 10.8%로 서울지역 전체 개표 결과보다 더 벌어졌다.

전체 개표 결과 부산광역시에서 박근혜 후보는 문재인 후보를 59.8% 대 39.9%로 제쳤다. 19% 차이의 압승이었다. 경상남도에서는 격차가 더 벌어졌다. 박 후보의 지지도는 63.1%였고, 문 후보는 36.3%에 그쳤다. 하지만 부산과 경남 출신 재외국민 사이에서 박 후보는 문 후보에게 42.2% 대 57.5%, 45.4% 대 53.8%로 각각 밀렸다. 부산과 경남 출신 재외국민의 선택은 부산, 경남 지역 거주민들의 선택과는 달랐다.

인천광역시의 경우 전체 개표 결과, 박근혜 후보는 51.6% 대 48.0%로 문재인 후보를 제쳤고, 경기도에서도 박근혜 후보는 50.4% 대 49.2%로 근소하게 앞섰다. 재외국민들은 인천광역시의 경우 59.3% 대 40.3%로, 경기도는 60.1% 대 39.3%로 문재인 후보를 지지하였다. 경기도와 인천의 재외국민들은 현지 주민들과는 다른 선택을 하였다.

대구, 경북의 투표 결과는 이 지역 출신 재외국민의 선택과 같았다. 대구에서 새누리당 박근혜 후보는 80.1%, 민주통합당 문재인 후보는 19.5%의 지지를 받았다. 경북에서 박 후보는 80.8%, 문 후보는 18.6%의 지지를 얻었다. 대구와 경북 출신 재외국민들은 각각 53.2% 대 46.2%, 61.2% 대 38.4%로 박 후보의 손을 들어 주었다. 국내 거주자와 재외국민들은 같은 결과를 만들어냈지만, 재외투표에서 지지도 격차가 많이 줄었음을 확인할 수 있다.

광주광역시의 전체 개표 결과는 박근혜 후보 7.8%, 문재인 후보 92.0로 집계되었다. 전라남도는 10.0% 대 89.2%로, 전라북도의 경우 13.2% 대 86.3%의 지지율로 각각 문재인 후보가 앞섰다. 이 지역 재외투표에서는 광주 10.8% 대 88.8%, 전남 25.4% 대 73.9%, 전북 18.0% 대 81.7%로 문재인 후보가 박근혜 후보를 앞섰다. 광주와 전북의 경우 국내 거주자와 재외국민 사이의 두 후보 지지도가 비슷한 수준을 보이고 있다. 다만, 전남의 재외투표에서는 박근혜 후보의 지지도가 국내 투표 결과에 비해 15% 이상 현저하게 상승했음을 알 수 있다.

대전, 충남북 유권자의 전체 개표 결과를 짚어보자. 대전에서 박근혜 후보는 문재인 후보를 간발의 차로 제쳤다. 두 후보는 각각 50.0% 대 49.7%의 득표율을 보였다. 충청남도에서는 박 후보가 56.7%, 문 후보가 42.8%의 지지를 받았고, 충청북도에서는 박 후보가 56.2%, 문 후보가 43.3%를 얻었다. 재외투표에서는 세 지역 모두 문재인 후보가 앞섰다. 대전의 경우 35.3% 대 64.2%, 충남은 41.4% 대 58.2%, 충북은 40.2% 대 59.1%로 각각 문재인 후보가 앞섰다.

강원도 전체 개표 결과 박근혜 후보는 62.0%의 지지를 받아 37.7%

를 얻은 문재인 후보를 압도하였다. 재외국민들의 선택은 달랐다. 박근혜 후보 지지 39.2%, 문재인 후보 지지 60.1%로 집계되었다. 전체 개표 결과와 재외국민의 투표 결과가 완전히 뒤집힌 형태로 나타난 점이 눈길을 끈다.

제주도는 전체 개표 결과 박근혜 후보기 문재인 후보를 50.5% 대 49.0%로 앞선 것으로 조사되었다. 박 후보는 재외선거에서도 57.0%의 득표율을 보여 41.7%에 그친 문 후보를 더 큰 표 차이로 압도하였다.

이를 종합해 보면 다음과 같이 정리할 수 있다.

첫째, 서울과 대구, 경북, 호남, 제주의 경우 재외국민의 투표 결과와 전체 개표 결과가 일치하였다. 서울과 호남은 문재인 후보 지지, 대구, 경북, 제주는 박근혜 후보 지지로 같은 결과가 나왔다.

둘째, 인천, 경기도, 대전, 충남북, 부산, 경남, 강원도에서는 재외국민의 선택과 전체 개표 결과가 다른 것으로 나타났다. 이들 지역에서는 전체 투표 결과 박근혜 후보가 앞섰지만, 재외국민들은 문재인 후보를 더 지지하였다.

셋째, 서울 출신의 재외국민들은 서울시민보다 더욱 문재인 후보를 지지하였다. 인천, 경기 등 수도권 출신 재외국민들 역시 국내 거주자들에 비해 야당 후보를 더 지지하였다.

넷째, 전체 투표 결과 영남권은 부산, 경남, 대구, 경북을 막론하고 박근혜 후보가 문재인 후보를 큰 표 차이로 제쳤지만, 재외선거에서는 부산, 경남과 대구, 경북의 선택이 달랐다. 경북에 연고를 둔 박근혜 후보는 대구, 경북 재외국민들로부터 문재인 후보보다 더 큰 지지를 받았고, 부산 출신의 문재인 후보는 부산, 경남 재외국민들로부터 박 후보보다 더 많은 표를 받았다.

다섯째, 대구, 경북 출신 재외국민들의 박근혜 후보 지지도 쏠림 현상에도 불구하고 전체 투표 결과에 비하면 두 후보 사이의 격차는 상당히 줄었다.

여섯째, 광주, 전북 등 호남 출신 재외국민들의 문재인 후보 지지도 쏠림 현상은 여전히 강하게 나타났지만, 전체 투표 결과에 비해 격차는 다소 줄었다. 특히 전남 출신 재외국민들의 표심은 야당 쏠림 현상이 보다 덜하였다. 하지만 영남 출신 재외국민의 박 후보 지지도 쏠림 현상이 둔화된 것만큼, 호남에서 두 후보간 지지도 격차가 줄지는 않았다.

일곱째, 대전, 충남북, 강원도 출신 재외국민들은 국내 거주자에 비해 야당 후보를 더 지지하였다.

연령별 투표 성향: 세대 투표 양상

18대 대선의 특징으로 세대 투표 양상을 꼽는 시각이 있다. 이내영, 정한울 연구팀은 이와 관련해 2012년 대선과 총선의 연령별 투표 결과를 제시하며 세대투표 양상이 뚜렷하게 드러난 선거로 진단하였다. 젊은 세대는 진보개혁 성향의 후보를, 나이 든 세대는 보수 성향의 후보를 지지하는 패턴이 나타났다고 연구팀은 밝혔다.

특히 2012년 대선에서는 20대부터 40대까지의 경우 문재인 후보가 앞섰고, 50대와 60대에서는 박근혜 후보가 앞서는 양상을 보여줬다고 분석하였다. 즉, 18대 대선은 2040 대 5060의 대결 양상으로 나타났다는 분석이었다.

　연구팀은 또 2012년 4월 총선과 12월 대선에서 세대별 투표 균열 양상은 비슷하지만, 세대균열의 강도에는 상당한 변화가 있다는 데 주목하였다. 연구팀은 그 근거로 대선과 총선 지역구 투표에서 새누리당의 세대별 지지율과 야권 연대를 한 민주통합당, 통합진보당의 세대별 지지율 격차를 비교 분석하였다. 그 결과 20대와 30대에서 총선 때 야당 후보를 지지했던 비율보다 대선 때의 문재인 후보 지지율이 더욱 높아졌고, 반대로 50대 60대에서는 박근혜 후보 지지율이 총선 때 한나라당 후보 지지율을 웃돌았다는 결론을 제시하였다. 40대에서는 총선에서 야당 후보에 쏠린 지지 현상이 대선에서는 크게 약화되어 두 후보간 지지율 격차가 줄었다고 연구팀은 밝혔다.(이내영 · 서현진 공편, 《변화하는 한국 유권자 5》, EAI, 104~06쪽)

표15 　　　　　19대 총선, 18대 대선 연령별 지지율 격차 　　　(단위 %)

	19대 총선 EAI KEPS 패널조사		18대 대선 방송 3사 출구조사	
	새누리당	민주+통진	박근혜	문재인
결과	42.3 (42.3)	47.0 (43.3)	50.1 (51.6)	48.9 (48.0)
20대	25.4	64.9	33.7	65.8
30대	33.3	56.9	33.1	66.5
40대	30.4	59.3	44.1	55.6
50대	52.3	35.5	62.5	37.4
60대	67.9	23.0	72.3	27.5

- ( )는 실제 개표 결과.
* 이내영, 서현진 공편, 《변화하는 한국 유권자 5》, EAI, 106쪽.

이 같은 세대 투표 성향이 재외투표에서도 똑같이 나타났다고 확언할 수는 없다. 다만, 총선 지역구 재외투표에 참여한 국외 부재자들의 구성비에서 40대 이하가 압도적으로 많았고, 이들의 투표 성향이 야당 지지로 쏠렸던 양상을 고려해 보면, 대선 재외투표에서도 세대투표의 개연성이 높았다는 점을 짚어 두고자 한다. 앞서 언급했듯이, 대선 재외투표에서 경상남북도와 제주도를 제외한 여타 지역의 재외국민 가운데 2040 세대가 7 대 3의 비율로 5060 세대보다 압도적으로 많았다. 앞으로 있을 2016년 총선과 2017년 대선의 재외선거 결과는 세대투표의 개연성을 검증할 수 있는 또 다른 기회를 제공할 것이다.

3. 설문조사를 통해 본 재외국민 표심

중앙선관위는 18대 대선이 끝난 뒤 재외국민 2,130명(아주 1,080명, 미주 700명, 구주 210명, 중동 70명, 아프리카 70명)을 대상으로 2012년 12월 20일부터 2013년 1월 30일까지 여론조사기관인 글로벌 리서치를 통해 전화 면접과 온라인으로 여론조사를 실시하였다. 95% 신뢰수준에 오차범위는 ±2.12%였다. 조사 결과는 지지 후보에 대한 직접적인 질문은 없다. 하지만 지지 후보를 결정하는 과정을 파악함으로써, 전 세계에 산재한 재외국민의 투표 행태의 일단을 읽을 수 있다는 점에서 나름 의미가 있다고 본다.

응답자 가운데 18대 대선 후보를 결정할 때 인물과 능력을 고려하였다는 응답이 47.3%로 가장 많았고, 정책과 공약을 고려하였다는 응답은 19.6%, 도덕성은 16.0%, 소속 정당은 10.5%, 정치 경력 3.5% 등의 순으로 나타났다.

앞선 4월 총선 직후의 설문조사에서는 19대 총선 지역구 의원 선택 시 후보를 결정할 때 소속 정당을 고려한다는 응답이 42.7%로 가장 많았고 인물·능력을 고려한다는 응답이 21.0%, 정책·공약을 고려한다는 응답은 21.0%, 도덕성을 언급한 사람은 10.7%였다.

두 설문조사 결과를 비교하면, 재외국민들은 대선과 총선 때 선택의 기준이 달랐음을 알 수 있다. 18대 대선에서는 19대 총선에 비해 인물과 능력을 고려하였다는 응답이 26.0% 증가한 반면, 소속 정당을 고려하였다는 층은 32.2% 감소하였다. 인물·능력을 주요 고려사항으로 꼽은 응답자는 성별로는 남자, 연령별로는 30대, 거주 지역별로는 미주 대륙과 미국, 직업별로는 상사 주재원들이 많은 것으로 분석되었다.

이번에는 재외국민을 대상으로 국가별, 지역별로 실시한 대선 후보 설문조사를 통해 투표 성향을 분석해 본다. 먼저 중국에 거주하는 재외국민의 투표 행태를 조사한 결과를 인용한다. 연구는 한국재외국민선거연구소 박범종 연구원에 의해 중국 내 베이징, 칭타오 지역 재외국민 347명을 대상으로 이루어졌다. 설문조사는 2012년 12월 15일부터 1월 30일까지 진행되었고, 연령별, 국내 최종 거주지별, 체류 형태 등을 고려한 결과이다.

이 설문조사에서 20대의 경우 박근혜 후보 지지가 45.7%, 문재인 후보 지지가 54.3%로 나타났다. 30대에서는 문재인 후보를 선택한 비율이 92.3%로 매우 높았다. 50대와 60대의 경우 박근혜 후보를 선택한 비율이 61.5%, 83.3%로 각각 조사되었다. 40대의 경우는 박 후보와 문 후보 지지율이 서로 비슷하였다. 대체로 젊은 층은 문재인 후보를 선택하였고 노년층으로 갈수록 박근혜 후보를 선택한 경우가 많은 것으로 조사되었다.

표16		후보선택 요인과 유권자의 연령별 행태					
구분		연령대					합계
		20대	30대	40대	50대	60대 이상	
재외선거 투표여부	박근혜	42	2	15	16	5	80
		45.7%	7.7%	48.4%	61.5%	83.3%	44.2%
	문재인	50	24	16	10	1	101
		54.3%	92.3%	51.6%	38.5%	16.7%	55.8%
합계		92	26	31	26	6	181
		100.0%	100.0%	100.0%	100.0%	100.0%	100.0%

조사는 또 주중 재외국민이 대통령 선거 후보자를 선택하는 데 최종 거주지와 어떤 상관관계가 있는지를 분석하였다. 대구, 경북과 강원을 제외한 지역에서 문재인 후보 지지도가 앞섰다. 문재인 후보는 서울과 인천, 경기에서는 5~11% 가량 앞섰고, 부산, 울산, 경남에서 61.5%, 대전, 충청에서 76.9%, 광주, 전남북, 제주도에서는 100%의 지지를 받았다. 박근혜 후보는 대구, 경북에서 73.3%의 지지율을 보였으며 강원도는 두 후보가 같은 지지율을 보였다. 중국에 거주하는 재외국민 사이에서 영호남 지역주의 투표 행태가 남아 있음을 보여주는 조사 결과였다.

이번에는 로스앤젤레스 지역 재외국민 여론조사 결과를 살펴보자. 한국재외국민선거연구소 강성훈 연구원은 대선이 끝난 뒤 한 달 동안 로스앤젤레스에서 여론조사를 실시하였다. 응답자는 30, 40대, 유학생과 영주권자가 높은 비중을 차지하였다.

후보선택	국내 최종 거주지역								합계
	서울	부산/울산/경남	대구/경북	인천/경기	대전/충청	광주/전라	강원	제주	
박근혜	36	5	11	23	3	0	1	0	79
	47.4%	38.5%	73.3%	44.2%	23.1%	0.0%	50.0%	0.0%	43.6%
문재인	40	8	4	29	10	9	1	1	102
	52.6%	61.5%	26.7%	55.8%	76.9%	100.0%	50.0%	100.0%	56.4%
총계	76	13	15	52	13	9	2	1	181
	100.0%	100.0%	100.0%	100.0%	100.0%	100.0%	100.0%	100.0%	100.0%

표17　　　후보선택 요인과 유권자의 최종 거주지별 투표행태

* 한국재외국민선거연구소, 《한국재외선거 무엇이 문제인가: 18대 대선을 중심으로》, 12쪽.

여론조사 결과 박근혜 후보 지지는 57.7%, 문재인 후보 지지는 42.3%로 집계되었다고 밝혔다. 연령별로 보면 20, 30대 젊은 층은 문재인 후보, 40대 이상 장년층은 박근혜 후보를 선호한 것으로 조사되었고, 체류 유형별로는 공관, 상사 주재원과 유학생은 문재인 후보, 영주권자는 박근혜 후보를 더 선호한 것으로 나타났다고 덧붙였다.

응답자 가운데는 앞선 총선에서 새누리당 후보를 지지한 응답자가 68.1%로 가장 많았고, 민주통합당 25.4%, 진보신당 3.6%, 통합진보당 2.2%순이었다.(한국재외국민선거연구소, 《한국재외선거 무엇이 문제인가: 18대 대선을 중심으로》, 11~12쪽)

신라대학교 강경태 교수와 선거연수원 고선규 연구원의 연구 결과도 흥미롭다. 연구진은 18대 대선 이후 로스앤젤레스와 오사카, 베이징

등의 재외국민 1,061명을 대상으로 현장 방문과 설문 면접을 거쳐 여론
조사를 실시하였다. 실제로 선관위에 등록한 유권자는 30, 40대가 주류
를 이루었지만, 설문 응답자는 학생 등 20대가 다수였고 30, 40대도 많
았다고 한다. 응답자 분포가 한계를 지니기는 했지만, 미국, 일본, 중국
에 거주하는 재외국민의 투표 성향의 일단을 읽을 수 있는 단서라는 점
에서 소개한다.

19대 총선 지지 정당을 묻는 설문에 일본 오사카 내 재외국민들
은 새누리당 지지 64.2%, 민주통합당 지지 30.1%로 새누리당 지지율
이 높았다. 중국 베이징 내 재외국민들은 새누리당 45.5%, 민주통합당
47.0%로 민주통합당을 약간 더 지지하였다. 미국 로스앤젤레스 재외국
민들은 26.6% 대 9.9%로 새누리당 지지가 많았다.

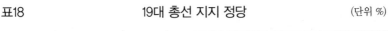

표18   19대 총선 지지 정당   (단위 %)

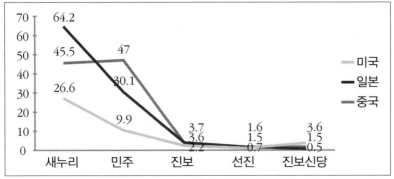

이들에게 평소 지지하는 정당을 물었다. 재외국민들은 보다 큰 편
차를 보였다. 미국 내 재외국민들은 66.2% 대 28.2%, 일본 재외국민들
은 60.6% 대 38.6%로 새누리당을 더 많이 지지하였다. 중국 재외국민

들은 새누리당 40.5%, 민주통합당 53.5%로 민주통합당 지지가 많았다.

표19　　　　　　　　　　　　평소 지지 정당

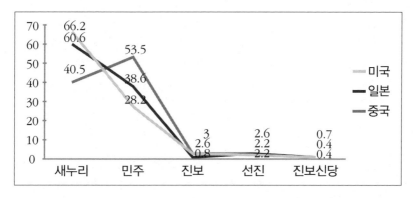

이 같은 성향을 토대로 18대 대선 지지 후보를 물었다. 일본 내 재외국민들은 76.9% 대 23.1%로 박근혜 후보의 손을 들어주었다. 미국 내 재외국민의 경우 57.7% 대 42.3%로 박근혜 후보 지지를 표명하였다. 중국 내 재외국민들은 44% 대 56%로 문재인 후보를 지지하였다.

연구진은 이 같은 설문 조사를 근거로, 3개 지역 재외국민 가운데 박근혜 후보 지지층은 새누리당 지지자의 93.3%를 차지했으며, 영주권자, 외교관, 공무원, 한국 기업 관계자, 고졸 이하, 생산직이 많았다고 분석하였다. 문재인 후보 지지층은 민주당 지지자의 76.6%를 차지하였고, 학생과 그 가족, 한국 현지기업 직원, 대졸 이상이 많은 것으로 분석하였다. 후보 선택에서 성별과 소득은 그다지 의미가 없었지만, 지역은 국내의 경우처럼 유의미하였다고 덧붙였다.

표20 　　　　　　　　　　　대선 지지 후보

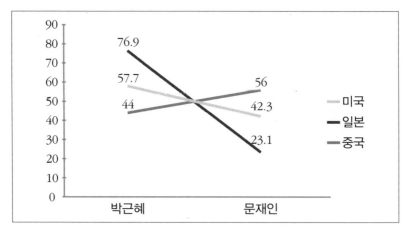

* 한국재외국민선거연구소, 《한국재외선거 무엇이 문제인가: 18대 대선을 중심으로》, 40~42쪽(표18~20 출전 같음).

　　위의 세 차례 여론조사 결과는 한국연구재단이 후원하고 한국재외국민선거연구소가 주최한 2013년 학술세미나에서 발표된 내용들이다. 발제에 대해 일부 토론자들은 여론조사 결과와 중앙선관위가 발표한 대선의 재외국민 투표 결과 자체가 다르다는 점을 들어, 여론조사 응답자 구성에 문제가 있을 수 있음을 지적하기도 하였다.

　　그럴 가능성도 있지만, 여론 조사 응답자 중에는 대선에 참여하지 않은 이들이 다수 포함되어 있어 조사 결과가 달리 나타났을 가능성도 배제할 수 없다. 이런 제약에도 불구하고 조사 결과를 소개하는 것은, 해외에 산재해 사는 재외국민의 특성상 특정 지역의 투표 결과를 분석하는 것이 쉽지 않다는 점을 감안한 것이다. 추후 같은 유형의 여론조사가 지속적으로 이루어진다면 신뢰도도 높일 수 있을 것으로 생각한다.

참고로 이들 4곳에서 대선 참여를 위해 신고, 신청을 한 재외국민의 숫자와 연령별 구성비를 정리해 본다. 일본 오사카의 경우 재외선거인이 5,003명으로, 국외 부재자 2,823명보다 2배 가까이 많았다. 연령별로는 20대에서 40대까지가 3,811명, 50대 이상이 4,015명으로 나타났고, 60대가 2,780명으로 큰 비중을 차지하였다.

중국 대사관이 있는 베이징은 재외선거인은 거의 없고, 대부분이 국외 부재자였다. 20대에서 40대까지가 8,892명, 50, 60대가 1,128명이었다. 칭타오 역시 거의 모두 국외 부재자로, 20대에서 40대까지가 4,352명, 50대 이상이 1,208명이었다.

로스앤젤레스는 국외 부재자가 6,264명으로 재외선거인 3,978명보다 많았다. 40대 이하는 6,372명, 50대 이상은 3,870명이었다. 로스앤젤레스 거주 재외국민 가운데는 특히 30대와 60대가 각각 2,487명과 2,165명순으로 많았다.

4. 여야의 18대 대선 재외선거 평가

새누리당의 평가

새누리당은 18대 대선이 끝난 뒤 《준비된 여성 대통령 박근혜》라는 제목의 대통령 선거 백서를 냈다. 새누리당 재외국민위원회는 백서의 총평에서 재외선거의 승패에 대한 어떠한 언급도 하지 않았다. 다만, 재외국민위원회는 유권자로 등록한 재외국민 22만 2,329명 가운데 15만 8,235명이 투표해 71.2%의 투표율을 보였고, 재외 유권자수 추정치인 223만 3,695명을 기준으로 하면 등록률은 10.0%, 투표율은 7.1%로 낮아진다며 참여율이 저조하였다고 평가하였다.

새누리당은 재외국민이 100% 등록할 수 있도록 우편 등록 도입, 재등록 생략, 등록 기간 연장 등 재외선거 유권자들의 등록 편의를 제공하기 위한 법안을 국회에 제출했지만, 야당측의 반대로 실현되지 못했다고 지적하였다. 앞으로 참여율을 높이기 위해서는 우편 등록, 영구 명부제 도입, 공관 외 투표소 확대 설치 등의 제도 개선책이 필요하다고 덧붙였다.

새누리당은 대선과 관련해 교민 간담회 개최와 맞춤형 동포 정책을 통해 선거운동을 벌였다. '6대 맞춤형 동포정책'은 재외국민용 주민등록증 발급, 복수 국적 연령 확대, 한국학교 및 한글교육 지원 강화, 유학생 학자금 지원, 해외체류자 안전 강화, 해외 거주국 지방 참정권 부여를 위한 노력 강화 등이었다.

새누리당은 또 투표 등록을 독려하고, 재외국민위원회를 재외선거대책위원회 체제로 개편해 선거 독려 활동을 벌임으로써 재외국민의 선거 참여 의지를 높였다고 평가하였다. 그러나 국내 선거와 달리 재외선거는 유권자 등록을 마친 재외국민만 투표에 참여할 수 있는데, 등록자와 비등록자를 구분할 수 없어 선거 운동의 효율성이 저하될 수밖에 없었다며, 이를 해결하기 위한 제도적 조치가 필요하다고 지적하였다.

새누리당은 2016년 총선과 2017년 대선을 위해 재외국민위원회를 국내 최대 규모의 해외 조직으로 확대 개편할 계획을 세워두고 있다. 기존 조직을 확대해 2015년 말까지는 3,200명 수준인 해외 민주평통 조직에 버금가는 조직으로 확대하겠다는 구상을 갖고 있다. 조직 내에는 지역위원장과 지역 부위원장을 두는데, 수석부위원장에 양창영 의원을 내정한 상태이다. 양창영 의원은 세계한인상공인총연합회 사무총장과 재외국민참정권연대 공동대표를 역임했으며 비례대표로 국회에 입성하였다.

새누리당은 재외선거 제도와 관련해 국외 부재자에게만 허용된 우편 등록 제도의 전면 도입, 영주권자의 영구명부제 도입, 공관 외의 장소에서 투표할 수 있도록 추가 투표소를 설치하는 방안을 우선 처리해야 할 사항으로 꼽았다.

더 많은 재외선거인의 등록과 투표 참여가 이루어져야 새누리당이 재외투표에서 승리할 수 있다는 사실을 숙지하고 있음을 읽을 수 있는 대목이다.

민주통합당의 평가

민주통합당은 18대 대선 재외투표에서 문재인 후보가 박근혜 후보를 앞섰다고 평가하며 유권자 분석 결과를 함께 제시하였다. 재외선거인 명부에 등재된 22만 2,389명 가운데 국외 부재자는 80.6%인 17만 9,188명, 재외선거인은 19.4%인 4만 3,201명이었고, 성별로는 남자가 11만 4,472명, 여성은 10만 7,917명이었으며, 지역별로는 서울, 경기, 부산 출신순이었던 것으로 분류하였다.

연령별로는 30대가 26.2%인 5만 8,233명으로 가장 많고, 40대가 25.0%인 5만 5,427명, 20대가 23.0%인 5만 1,249명으로, 40대 이하가 재외국민 유권자의 74.2%를 차지한다고 분석하였다. 특히 국외 부재자 가운데 40대 이하의 비율은 83.1%인 14만 8,970명이고, 재외선거인 가운데 40대 이하의 비율은 37.0%인 1만 5,939명으로, 국외 부재자와 재외선거인간 40대 이하 투표권자의 숫자를 보면 11배 차이가 난다고 밝혔다.

민주통합당은 재외선거에서 문재인 후보가 앞선 지역의 세부 상황을 별도로 분석하였다. 서울 지역 25개 선거구 가운데 강남구, 서초구, 용산구, 중구를 제외한 다른 선거구에서는 민주당 후보가 더 많은 표를 얻었다는 점을 평가하였다. 특히 서울 송파구와 양천구에서 문재인 후보가 박근혜 후보를 앞섰다고 소개하고, 서초구에서는 박근혜 후보가 앞섰지만 표 차이가 54표였다고 설명하였다.

또 경기 출신 재외국민 유권자 3만 7천 명 가운데 59.8%인 2만 2,124명이 문 후보에게 투표한 점에 의미를 부여하였다. 특히 경기 지역 44개 선거구 가운데 접경지역인 포천시와 동두천시 두 곳을 제외한 나머지 모든 선거구에서 민주통합당 후보가 더 많은 표를 얻었으며, 성남 분당구에서도 문재인 후보가 앞섰다는 점을 부각시켰다. 민주통합당은 대구, 경북, 경남, 제주를 제외한 모든 광역자치단체에서 대체로 비슷한 양상이었다고 자체 분석하였다.

민주통합당은 대선과 관련해 낮은 투표율이 문제라고 지적하였다. 중앙선관위가 발표한 등록 유권자 수 대비 투표율은 유의미한 투표율로 보기 어렵다는 견해였다. 세계한인민주회의 수석부의장인 민주통합당 김성곤 의원은 이번 재외선거의 실질적인 투표율은 전체 재외 유권자 추정치 223만 3,695명 가운데 15만 8,235명이 참여해 7.1%에 불과하다고 지적하였다. 이런 실질 투표율을 적용해 재외국민의 지역별 상황을 보면, 미국 4.3%, 일본 5.5%, 중국 8.2%, 아주 7.2% 등으로 나타난다고 덧붙였다.

이 같은 투표율은 외국의 경우와 비교해도 현저히 낮은 것으로 재외선거 제도 도입의 의미를 반감시키고, 정당성을 퇴색시키며, 실효성의 문제까지 제기한다고 김 의원은 주장하였다.

김 의원은 대선 재외선거가 남긴 과제를 총선에서와 마찬가지로 다음과 같이 정리하였다.

표21

18대 대선 재외선거 실질투표율

구분	추정 재외선거인	등록 선거인수	투표자	투표율(%)	
				등록선거인 대비	추정선거인 대비
미국	866,170	51,794	37,103	71.6	4.3
일본	462,509	37,342	25,312	67.8	5.5
중국	295,220	35,674	24,330	68.2	8.2
아주	1,086,412	112,992	77,931	69.0	7.2
미주	1,032,402	73,528	53,614	72.9	5.2
구주	93,429	24,134	18,623	77.2	19.9
중동	12,745	8,335	5,660	67.9	44.4
아프리카	8,707	3,400	2,407	70.8	27.6
총계	2,233,695	222,389	158,235	71.2	7.1

첫째, 투표 참여율과 관련해 국내와 상황이 많이 다르다. 둘째, 현행 공관 투표 방식은 미국이나 중국처럼 공관 관할지역이 넓은 경우 원거리 거주자의 투표 참여가 현실적으로 어렵다. 셋째, 중국이나 미국은 단기 체류자가 많기 때문에 투표율이 낮을 수 있다. 넷째, 재외국민의 참정권이 왜곡되지 않고 공정하게 반영되는 것도 중요하지만, 편의성을 높이는 것도 중요한 과제다.(김성곤 의원실 주최 토론회, 《제18대 대통령 재외선거 평가와 과제》)

5. 2014 재외국민 여론조사

두 차례의 재외선거를 경험해 본 재외국민들은 어떤 생각을 갖게 되었을까? 고국의 선거를 보는 그들의 시각은 어떤 것일까? 그들이 겪은 어려움은 무엇이고, 개선책은 무엇일까? 이런 문제를 알아보기 위해 설문조사를 실시하였다.

설문조사는 미국 뉴욕과 로스앤젤레스, 일본 도쿄, 중국 베이징, 프랑스 파리에서 해당지역의 관계단체 등을 통해 각각 20명씩의 대상자를 선정한 다음, MBC 특파원들이 2014년 12월 15일부터 12월 31일 사이에 진행하였다. 16개 설문에 심층 응답하는 방식이었다. 설문 내용은 국회 입법조사처 참관단이 2010년 11월 14일과 15일 재외국민 유권자들을 대상으로 미국 로스앤젤레스 등 재외공관에서 실시한 내용을 참고해 작성하였다.(설문조사 내용은 부록으로 첨부)

미국 뉴욕, 로스앤젤레스

뉴욕과 로스앤젤레스 지역 재외국민의 과반수는 재외선거를 긍정 평가하였다. 응답자의 53.7%가 바람직하다며 지지 의사를 밝혔다. 하지만 부정적인 반응도 적지 않았다. 재외선거가 큰 의미가 없다는 답변은 31.7%를 기록했으며, 잘 모르겠다는 답변도 14.6%였다. 다음 재외선거에 참여할 의향이 있느냐는 질문에 65.9%는 가능하면 참여하겠다고 답하였고, 14.6%는 반드시 참여하겠다고 밝혀 긍정적인 답변이 80%를 웃돌았다. 반면에 참여하지 않을 계획이라고 답한 응답자도 19.5%를 기록하였다.

재외선거와 관련한 내용을 어느 정도 알고 있느냐는 질문에는 잘 모른다는 답변에 비중이 실렸다. 잘 모르는 편이라고 답한 사람이 58.5%, 전혀 모른다는 응답자가 14.6%였다. 잘 아는 편이라는 응답은 24.4%, 매우 잘 안다는 응답은 9.7%로 나타났다.

재외국민의 투표 참여율을 높이기 위해서는 투표 방법을 개선하거나 적극적인 홍보가 필요하다는 답변이 많았다. 특히 뉴욕에 사는 영주권을 가진 40대 남성은 미국은 한국과 달리 일하는 날이 많다는 점을 설명하며, 투표할 수 있는 여건 마련이 중요하다고 지적하였다. 로스앤젤레스에서 직장을 다니는 40대 남성은 재외투표 기간과 장소를 투표권자들에게 맞춰 세분화해 줄 것을 요구하였다.

미국 내 재외국민들이 적합하다고 생각하는 투표 방식을 복수 선택하도록 하였다. 인터넷 투표가 36.0%로 가장 높았으며, 우편 투표는 31.1%, 공관 투표는 29.5%였다. 우편 투표는 중장년층이 선호하였고,

청년층은 인터넷 투표를 선호하였다. 대리 투표와 팩스 투표를 선택한 이들은 극소수였다.

하지만 미국 내에서도 뉴욕과 로스앤젤레스의 투표 방식 선호도는 달랐다. 뉴욕의 경우 인터넷 투표가 37.8%로 가장 높았고, 공관 투표가 29.7%로 2위, 우편 투표가 21.6%로 3위였다. 로스앤젤레스는 우편 투표가 39.5%로 가장 많았고, 인터넷 투표가 31.6%로 2위, 공관 투표가 21.1%로 3위였다.

재외국민 가운데 영주권자에게 지역구 선거를 허용하지 않는 상황에 대해서는 반대가 많았다. 응답자의 56.4%는 허용해야 한다고 답변하였고, 허용할 필요가 없다는 응답은 12.8%, 잘 모르겠다고 답한 이들은 30.8%였다. 허용론자들은 영주권자는 한국 국적을 유지하고 있으므로 미국 시민권자와 다르다는 이유를 들어 지역구 의원 선거에도 참여해야 한다는 견해를 밝혔다. 이처럼 허용하자는 주장이 많이 나온 것은 응답자 가운데 영주권자의 비중이 큰 탓으로 분석된다. 뉴욕과 로스앤젤레스 등 미국 재외국민의 이 같은 반응은 일본과 중국, 프랑스 등 다른 지역의 조사 결과와는 달랐다.

재외선거가 동포 사회에 끼친 영향에 대해서는 모국에 대한 관심을 고조시키고 재외국민의 권익 신장에 도움이 될 것이라고 답한 이들이 많았다. 재외선거가 동포 사회의 분열과 반목을 조장할 수 있다는 우려에 대해 별로 그렇지 않을 것이라고 응답한 이들이 48.8%, 전혀 그렇지 않을 것이라는 응답자는 14.6%였다. 약간 그럴 것이라고 답한 이들은 31.7%, 매우 그럴 것이라고 응답한 이들은 4.9%였다. 재외선거로 인한 동포 사회의 분열을 막기 위해서는 지나친 선거 조직화를 차단해야 한다는 의견이 제시되었다. 특정 정당의 세력이 강화될 경우 동포 사회가 분열될 가능성이 크다는 경고음도 나왔다.

재외선거와 관련해 공명선거 우려가 제기된 데 대해 전혀 그렇지 않을 것이라는 응답이 9.8%, 별로 그렇지 않을 것이라는 응답이 63.4%로 각각 나타났다. 하지만 대체로 그럴 것이라는 응답도 26.8%를 보여 불법이나 탈법 선거를 우려하는 시각도 있었다. 재외선거 과정에서 불법과 부정을 차단하기 위해서는 투표 단계별로 감시, 감독 기관을 운영하거나 처벌 수위를 높이는 방안이 제시되었다. 해당 국가와 공조해 불법, 부정 행위 관련자들을 형사 처벌하자는 의견도 나왔다.

재외선거 홍보를 일회성에 그치지 말고 지속적으로 전개하고, 텔레비전을 적극 활용하자는 방안도 제시되었다. 교민 사회가 신거일을 휴일로 지정해 달라는 의견도 있었다. 재외선거가 전체 선거 결과에 어떤 영향을 미친다고 생각하는지에 대해서는 다양한 의견이 개진되었다. 지금으로서는 참여에 의미가 있다는 주장에서부터 보수 진영에 도움이 될 것, 앞으로 투표율이 높아지면 재외동포들의 권익 신장뿐 아니라 정치권 진출에 긍정적인 영향을 미칠 수 있으며, 전체 선거에도 상당한 파괴력을 가질 것이라는 분석 등이었다.

미국 내 재외국민들은 특히 재외선거 정보와 그들을 위한 공약이 부족하다고 생각하고 있었다. 매체별 특성을 살린 다양한 홍보 방식을 도입하고, 원거리 거주자들을 위해 우편 투표와 인터넷 투표 방식을 도입해 줄 것을 촉구하였다.

일본 도쿄

　일본 내 재외국민들은 재외선거에 대해 대체로 긍정적인 생각을 갖고 있었다. 전체 응답자 가운데 63%는 재외선거 도입을 바람직하다고 받아 들였다. 하지만 37%는 재외선거가 큰 의미가 없다고 답하였다. 재외선거가 큰 의미가 없다고 응답한 이들 중에는 영주권을 가진 50대 이상 남성들이 많았다. 다음 재외선거에 참여할 의향이 있는지에 대해 대부분은 참여할 뜻을 밝혔지만, 영주권자들 가운데는 다음 선거에 불참할 계획이라고 답한 이들도 있었다. 재외선거와 관련한 내용을 잘 모른다고 응답한 이들이 잘 안다는 응답자보다 많았다.

　투표 참여율을 높이기 위한 방법을 묻자, 한 응답자는 투표소를 증설하고 재외국민이 관심을 가질 만한 정책과 이슈를 개발해야 한다고 답하였다. 30대 후반으로 도쿄에 거주하는 한 여성은 공관 투표의 경우 부담을 느끼는 지인들이 많다며 투표 방법을 다양하게 해줄 것을 요구하였다. 50대 후반의 남성 영주권자는 선거가 있다는 이야기는 들었지만 어떻게 하는지 방법을 몰라 포기하였다며, 투표지를 발송해 주면 참여하겠다는 뜻을 밝혔다. 이메일이나 문자 메시지 등을 통한 적극적인 홍보, 우편 투표의 필요성을 제기하는 목소리도 나왔다. 적절한 투표 방식이 어떤 것인지를 묻자, 응답자의 38.5%가 각각 우편 투표와 인터넷 투표를 선택하였고, 23.1%는 공관 투표를 택하였다.

　재외국민 가운데 영주권자에게 지역구 선거가 허용되지 않는 데 대해서는 허용할 필요가 없다는 쪽이 절대 다수였다. 대부분의 영주권자들도 허용할 필요가 없다는 데 인식을 같이하였다. 앞서 살펴본 미국 내 재외동포를 대상으로 한 설문조사와는 다른 결과이다. 해당 지역에 거주할 의사가 없는 상태에서 투표를 할 경우, 민심을 왜곡할 우려가 있다는 점을 이유로 들었다. 한 영주권자는 반론을 제기하였다. 영주권은 거주 자격의 문제일 뿐 국적은 일본이 아니라며, 한국인으로서 한국 정치에 참여해야 한다는 논리를 폈쳤다.

재외선거가 동포 사회에 끼칠 영향에 대해 응답자의 45.5%는 지역주의나 불화를 우려하였다. 특히 대통령 선거에서 지역주의나 동포 단체의 정치 세력화 가능성이 있다는 점을 걱정하였다. 긍정적인 영향을 끼칠 것이라는 이들은 18%였다. 대한민국 국민으로서의 자긍심을 일깨워 주고, 모국에 대한 사랑을 확인하는 계기가 되었다는 것이다. 재외선거가 동포 사회의 분열과 반복을 조장할 우려에 대해 어떻게 생각하는지를 묻자, 응답자 가운데 64%는 '그럴 것이다'고 답하였고, 36%는 우려를 일축하였다. 일본 동포 사회는 다른 지역에 비해 재외선거의 부정적인 측면을 걱정하는 분위기가 높았다. 특히 일본 영주권자 가운데는 다른 선거 때도 늘 분열하는 모습을 보여 왔다며 재외선거가 필요 없다는 극단적인 반응을 보인 경우도 있었다.

응답자들 가운데 불법이나 탈법 선거를 심각하게 우려하는 이는 한 사람도 없었다. 재외선거에 관한 홍보 활동의 문제점을 묻자, 영주권자들은 다른 재외국민에 비해 정보가 부족하다고 답한 경우가 많았다. 선거 기간에만 아니라 평소에도 자주 방문하는 등 지속적인 관심이 필요하다고 답한 영주권자도 있었다. 20대의 한 여성 유학생은 단체 중심으로 홍보물을 보내 놓고 알아서 갖고 가라는 식으로 홍보를 하는 방식은 문제가 있다고 지적하였다. 이메일이나 우편물을 이용해 개인을 대상으로 지속적으로 홍보하는 방식이 바람직하다고 덧붙였다.

재외선거가 전체 선거 결과에 미치는 영향에 대해서는 대부분 크지 않다고 응답하였다. 한 60대 남성 영주권자는 재외선거는 예산 낭비라며 반대한다는 뜻을 보이기도 하였다. 이 남성은 영주권자는 세금을 내는 나라에 투표를 하는 것이 온당한 일인데, 일본에서도 참정권을 인정받지 못하고 있다고 덧붙였다.

중국 베이징

중국 내 재외국민들은 재외선거 제도 도입을 긍정적으로 평가하였다. 응답자의 69%는 재외선거가 바람직하다고 답하였다. 다음 재외선거에 참여할 의향이 있느냐고 묻자 '가능하면 참여하겠다'는 응답자가 3분의 2 이상을 차지하였다. 재외선거를 어느 정도 알고 있느냐는 질문에는 잘 모르는 편이라는 응답자가 69%였다. 잘 아는 편이라는 응답자보다 두 배 이상 많았다.

중국 내 재외국민의 투표 참여율을 높이기 위해서는 재외선거 홍보를 확대하고 투표 방식을 개선할 것을 제안하였다. 중국 내 재외국민들은 정치 활동을 인정하지 않는 중국의 특수성을 감안한 탓인지 공관 투표를 선호한 이들이 45.5%로 가장 많았다. 공관 투표에 이어 인터넷 투표가 27.3%, 우편 투표가 18.2%의 지지를 받았다.

영주권자에게 지역구 국회의원 선거권을 부여할지를 묻는 설문에는 응답자의 3분의 2가 허용할 필요가 없다고 답하였다. 베이징 시 조양구에 사는 50대 남성은 영주권자도 한국 국적을 갖고 있고 한국에 근거를 두고 있는 만큼, 지역구 의원 투표권을 허용할 필요가 있다는 소수 의견을 제시하였다.

재외선거가 동포 사회에 미치는 영향에 대해서는 부정과 긍정이 대체로 엇갈렸다. 재외선거로 인해 동포 사회에 분열과 반목의 우려가 있다는 응답과 모국에 대한 애국심, 관심 등으로 동포 사회의 응집력이 배가될 것이라는 답변이 맞섰다. 조금 더 구체적으로 들어가, 동포 사회의 분열과 반목을 조장할 우려에 대해 물었다. 응답자의 54%는 별로 그렇지 않을 것이라고 답변하였고, 46%는 약간 또는 매우 그럴 것이라고 답하였다. 재외선거로 인한 동포 사회의 분열을 막기 위해서는 현지 선거 유세를 금시하는 능 선거운동을 최소화하고 홍보물로 대체하는 방법이 거론되었다.

재외선거와 관련해 공명선거를 걱정한다고 답한 응답자는 21.3%에 그쳤고, 72.7%는 그렇지 않을 것이라고 답하였다. 재외선거의 불법과 부정을 차단하기 위해서는 선거 운동을 최소화하고 선거법을 강화하는 방안이 제시되었다. 재외선거 홍보와 관련해서는 접할 기회가 없을 정도로 방식이 잘못되었다는 지적이 만만치 않았다. 유인물이 아닌 동포 언론 등 매체를 통한 방식을 대안으로 제시하였다. 주중 재외국민들은 재외선거가 전체 선거 결과에 큰 영향을 미치지 못한다는 인식이 강했으며, 동포 사회 내에서 정치권에 진출하려는 사람들이 재외선거를 발판으로 삼을 가능성이 있다는 의견을 밝혔다.

프랑스 파리

　프랑스 파리에 사는 응답자들은 100% 전원이 재외선거 제도 도입이 바람직하다는 입장을 밝혔다. 다음 재외선거에 반드시 또는 가능하면 참여하고 싶다는 데도 한목소리를 냈다. 재외선거 제도를 어느 정도 알고 있느냐는 질문에 프랑스 영주권자를 비롯해 응답자 대부분이 잘 아는 편이라고 대답하였다.

　재외선거의 투표 참여율을 높이기 위한 방법으로 프랑스 재외국민들은 홍보 강화와 투표소 증설, 투표 방식의 다양화를 촉구하였다. 홍보와 관련해서는 일시적으로 진행할 게 아니라 지속적으로 진행되어야 할 필요가 있다고 지적했으며, 대사관과 한인회, 동포 언론이 적극적으로 나설 것을 주문하였다. 또 지방에 사는 동포들도 참여할 수 있도록 투표소를 증설하는 방안, 우편 투표나 인터넷 투표를 도입해 접근성을 높이는 방안도 검토해야 한다고 주장하였다. 이들은 공관 투표와 인터넷 투표 방식을 각각 33.3%씩 똑같이 선호했으며, 우편 투표를 선택한 이들은 26.7%였다.

　프랑스 파리 재외국민 응답자 가운데 영주권자에게도 국회의원 지역구 선거를 허용해야 한다고 주장하는 사람은 없었다. 심지어 영주권자들도 이 문제에 대해서는 필요성을 인정하지 않았다. 이들은 프랑스 영주권자의 경우 한국 내 지역구의 정책과 실질적인 이해관계가 없는 만큼, 투표로써 영향력을 행사할 자격이 없다고 판단하였다. 특히 영주권자는 국내에 오랜 기간 거주하지 않았거나 거주하지 않을 것이라는 사실에 암묵적으로 동의한 만큼, 지역구 의원 선거권을 부여하는 것은 부적절하다는 입장을 보였다.

재외선거가 동포 사회에 어떤 영향을 미칠 것인지를 묻는 질문에는 대체로 긍정적이었다. 재외국민 사이에 한국인이라는 소속감과 공감대를 형성하고, 해외에서의 소외감을 덜어 낼 수 있으며, 모국에 대해 좀 더 많은 관심을 갖게 되었다고 밝혔다. 하지만 프랑스 내에는 한인 교회나 성당 등 종교 단체를 제외하면 한국인 사회가 형성되지 않았다는 점을 들어, 동포 사회에 미치는 영향보다는 개인의 기본권 행사일 뿐이라고 판단한 유학생도 있었다.

재외선거가 동포 사회의 분열과 반목을 조장할 우려가 있다는 시각에 대해 '전혀 또는 별로 그렇지 않을 것이다'고 응답한 이들이 압도적으로 많았다. 재외선거로 인한 동포 사회의 분열 방지를 위해 어떤 방안이 필요한지를 추가로 물었다. 개인의 다양성을 인정하고 서로 대화해야 할 것이라는 의견과 함께 해외에서는 과도한 선거 운동을 자제해야 한다는 목소리도 나왔다. 일부 응답자들은 한국 내의 지역별, 세대별 갈등과 분열을 조장하는 정치권이 문제이지, 재외선거 자체가 문제를 촉발하는 요인은 아니라는 인식을 밝혔다.

재외선거와 관련해 공명선거에 대한 우려가 있다는 물음에는 응답자 대다수가 그렇지 않을 것이라고 답하였다. 재외선거의 홍보 활동에 대해 한 영주권자는 지방에 살거나 한인들과의 교류가 없으면 구체적으로 정보조차 얻기 어렵다며, 보다 적극적이고 지속적인 홍보가 필요하다고 지적하였다.

재외선거가 전체 선거 결과에 어떤 영향을 미친다고 생각하느냐는 질문에는, 큰 영향을 줄 수 없고 미미하지만 자국민 의식을 심어줄 수 있다는 점에서 중요하다고 평가하였다. 한 30대 후반 남성 응답자는 재외선거 제도 개선과 관련해 온라인 투표를 도입할 경우, 타인이 대신할 가능성도 있다며 개인 인증제도가 필요할 것이라는 의견을 제시하였다.

6. 재외선거관의 제안

　　재외투표를 관리하기 위해 중앙선관위는 2012년 19대 총선과 18대 대선을 앞두고 28개국에 모두 55명의 재외선거관을 파견하였다. 공직선거법에 따른 것이었다. 재외선거관은 2011년 4월부터 2013년 1월 25일까지 1년 8개월 동안 해외에 머물렀다. 이들 재외선거관들이 경험한 재외투표 상황을 설문조사를 통해 살펴보았다. 응답자들은 미국, 중국, 일본, 아시아, 남미 등지의 7개국 14개 지역에 파견된 재외선거관 14명이고, 조사는 2014년 12월 15일부터 1월 말 사이에 이메일과 우편을 통해 이루어졌다. 설문 내용은 재외국민을 대상으로 한 것과 유사하다.

미국

　　재외국민의 투표 참여율을 높이기 위한 방법으로 미국 내 재외선거관들은 인터넷 신고와 인터넷 투표 방식의 도입을 제안하였다. 일정 규모 이상의 재외국민이 거주하는 지역에는 추가 투표소를 설치하거나 일정한 요건을 갖출 경우 제한적으로 우편 투표를 허용하자는 의견도 나왔다. 적절한 투표 방법으로는 공관 투표 방식 외에 인터넷 투표와 우편 투표를 제시하였다.

영주권자에게 지역구 선거를 허용할지에 대해서는 엇갈린 반응을 보였다. 재외국민들이 한국 내에 거주했던 지역이나 지역구 의원에 대한 관심도가 대통령 선거에 비해 현저하게 떨어진다는 게 반대의 이유였다. 허용하자는 입장은 영주권자도 국내 거소신고를 하면 주민등록을 부여하도록 법이 개정되었다는 점을 내세웠다. 아울러 대한민국 국민으로서 자긍심을 높이고 보통 선거, 평등 선거의 원칙을 구현하기 위해서는 지역구 의원 선거를 허용해야 한다는 주장이었다.

재외선거가 동포 사회에 미치는 영향에 대해서는 고국에 대한 애국심, 자긍심을 높일 수 있다는 긍정적인 답변과 동포 사회의 분열과 반목을 초래할 수 있다는 부정적인 답변이 모두 제기되었다. 재외선거가 동포 사회에 반목을 조장할 가능성이 있다는 우려에 대해서는 약간 그럴 것이라는 데 의견을 함께하였다. 하지만 재외선거가 정착되면 자연스럽게 해소될 것이라고 덧붙였다.

재외선거의 공명성에 대한 우려는 전혀 그렇지 않을 것이라는 응답과 대체로 그럴 것이라는 응답이 엇갈렸다. 한 재외선거관은 불법과 부정을 차단하는 방법으로 공관에서 평소 영사 활동을 하면서 재외국민을 대상으로 사전 예방 활동이나 홍보 활동을 하는 것이 가장 중요하다고 지적하였다. 선거사범에 대해서는 국내 입국시 조사 처벌하는 제도와 출입국 금지 조치 등의 불이익을 주는 방안이 적절하다고 덧붙였다.

재외선거를 홍보하는 데 어떤 문제가 있느냐는 질문에는, 대상 지역이 광범위해 홍보 매체나 홍보 방법 등에서 한계가 있을 수밖에 없다고 답하였다. 또 중국과 같이 오프라인에서 민주주의를 홍보하는 것이 금지된 나라도 있는 등 국가마다 적용 법률이나 관습이 다르기 때문에 어려움이 있다고 토로하였다.

일본

일본 내 재외선거관들은 재외투표의 참여율을 높이기 위해 등록 신청 및 투표 방법의 간소화와 다양화를 촉구하였다. 보다 구체적으로는 공관과의 거리, 재외국민의 수 등에 따라 추가 투표소나 순회 투표소를 설치하는 기준을 만들고, 재외선거인 상시 등록, 선거인 명부제, 우편 투표제, 인터넷 투표제 등을 도입할 것을 제시하였다. 평상시에도 한국 정치와 문화에 관심을 가질 수 있도록 매체를 이용한 적극적인 홍보가 필요하다는 의견도 나왔다. 적절한 투표 방법으로는 공관 투표를 가장 많이 꼽았으나, 우편 투표와 인터넷 투표를 선호한 이들도 있었다.

영주권자에게 지역구 선거를 허용하는 문제는 응답자 모두 필요 없다고 답변하였다. 영주권자의 경우 국내에 연고가 없는 경우가 많아 지역구 특정이 곤란하고, 지역구 의원에 대한 관심도 부족하다는 이유였다. 한 재외선거관은 지역구 의원이 국민의 대표이자 해당지역의 이해관계를 대변하는 역할을 하는 만큼, 선거권자가 되기 위해서는 해당지역에 대한 이해와 함께 해당 지역에 거주할 것을 요구하는 것이 합당하다고 주장하였다. 따라서 거주 여부의 객관적 근거를 판단할 수 있는 주민등록이나 거소신고가 되어 있지 않은 재외선거인에게 지역구 선거권을 허용하지 않는 것이 타당하다고 밝혔다.

재외선거가 동포 사회에 미치는 영향에 대해서는 긍정적으로 평가하였다. 재외국민의 정체성을 확인하고 대한민국에 대한 관심과 자부심을 갖게 했으며, 정치권의 재외국민에 대한 관심을 높여 재외국민의 권익 신장에 도움을 주었다는 것이다. 하지만 한 응답자는 일부 지역에서 반목하는 사례들이 발생하였다고 답하였다.

동포 사회의 분열을 막기 위한 방법으로, 선거가 있는 해에는 정치인들이 재외동포 방문을 자제해 줄 것을 요청하였다. 국내 정치인들이 해외 방문 때 지역감정을 부추긴다는 판단에 따른 것이었다. 소속 정당을 홍보하기 위해 동포 사회를 분열시키고 있다는 주장도 나왔다. 일각에서는 선거운동 방법을 제한해 과열을 막아야 한다는 의견이 제기되었다. 하지만 선거운동을 제한하거나 금지하는 것은 자유를 침해하는 것이기 때문에 바람직하지 않다는 입장도 있었다.

한 재외선거관은 공관장과 공관 직원의 정치적 중립 의무 준수가 공명선거를 위해 필요하며, 재외동포 단체 역시 공명선거 준수를 다짐해야 한다고 강조하였다. 재외국민의 정치관계법에 대한 이해도가 낮아 불법, 부정이 발생할 수 있는 만큼, 다양한 홍보가 필요하다는 의견도 나왔다.

일본의 경우 모국어를 모르는 이들이 많아 재외선거 홍보 활동에 어려움이 크고, 동포들이 여러 지역에 퍼져 있어 대민 접촉이나 언론매체를 통한 홍보에 한계가 있다는 의견도 나왔다. 한 재외선거인은 일본에서는 특정 그룹을 홍보 대상으로 삼고 있는데 효율성이 크게 떨어지고, 한인 언론도 일부에만 영향을 미친다고 실토하였다. 한인 사회와 접촉이 거의 없는 재외동포의 경우 한인 언론은 물론 전단, 인터넷 포털 광고에도 노출될 가능성이 별로 없다는 것이다. 그런데다 공관에서 보유하고 있는 재외국민 등록 정보도 변경 신고가 거의 이루어지지 않아 자료 가치가 낮다고 어려움을 토로하였다.

요코하마 총영사관에 근무했던 재외선거관은 재외선거 홍보와 관리 업무 수행의 문제점을 다음과 설명하였다.

첫째, 정확한 자료가 없고, 여권이 없는 이들이 많다. 일본 정부의 통계를 활용해 재외국민 수를 파악하고 있지만, 한국 국적자 외에 조선적朝鮮籍을 가진 이들도 10~15% 가량 포함되어 있는 게 문제다. 재외국민 등록정보와 민단에서 확보한 거주지 정보가 있지만 정확성이 현저히 떨어지기 때문에, 우편 안내에도 어려움이 많다. 재외선거에 참여하기 위해서는 여권이 반드시 있어야 하는데, 여권을 소지하고 있는 비율이 60%에 불과해 사실상 40%는 투표가 불가능하다.

둘째, 한국어 구사 능력이 떨어지고, 관심이 부족하다. 재일 영주권자 1세대는 고령으로 대부분 사망하였고 동포 사회는 2세 또는 3세가 주류를 이루고 있다. 이들 가운데 한국어를 사용하는 비율은 5%에도 미치지 못한다. 따라서 이들은 등록 신청서 작성조차 불가능하다. 이들을 위해 민단과 한국 교육원 등의 단체에서 신청서 작성을 지원했는데, 상상 이상의 품을 들여야 했다. 한글을 모르는 재외국민의 경우 자신이 한글을 모른다는 사실이 남에게 알려지는 걸 꺼려 등록신청을 하지 않는 경우도 있다.

셋째, 재외선거 안내가 불가능한 재외국민이 다수 존재한다. 요코하마 총영사관 관할 구역 내에 거주하는 한국인을 통계치로 파악해 보면 4만 365명이다. 그 가운데 조선적을 10%로 추산하면 대략 3만 6천 명이 한국 국적이다. 한국 국적자 가운데 재외선거 안내가 가능한 세대는 민단을 통한 3천여 세대(약 9천 명)와 한인 교회를 통한 5백여 세대 (약 1,500명) 등이다. 이들에게는 안내문 발송과 전단 배부, 재외 선거 설명회 등을 통해 반복적인 안내가 가능하다. 그러나 이들 외의 재외국민에게는 안내할 수단과 방법이 없다. 안내가 가능한 사람을 통해 그들과 접촉 가능한 부분까지 외연을 넓히는 방법밖에 없었다. 일시 체류자들인 유학생의 경우 유학생회 등을 통해 3백여 명, 어학원을 통해 5백여 명을 확인할 수 있었다. 그렇지만 학교측이 자료 제출을 거부해 전체적인 유학생 숫자를 파악하기도 어려웠다.

넷째, 공관까지 대중교통으로 접근하기 어렵다. 요코하마 총영사관의 경우 시내 중심인 요코하마 역에서 직접 연결되는 교통편이 없다. 가장 가까운 역에서도 걸어서 10분 내지 15분이 걸린다. 주차장도 공관에서 가장 가까운 곳이 걸어서 5분 정도 걸릴 만큼 교통편이 열악하다. 따라서 시즈오카 현에 거주하는 6천여 명의 동포들은 공관까지 오는 데 2시간에서 4시간이 걸리고 비용 또한 2, 3만 엔이 든다며, 순회 접수와 순회 투표를 요구하고 있다. 가나가와 현 사가미하라, 오다와라의 재외국민 역시 전철 탑승만 1시간이 넘게 걸려 순회 접수와 순회 투표를 요구하고 있다.

다섯째, 조선적 동포와 민단계 동포 사이의 갈등이다. 한국 국적을 취득한 조선적 동포 가운데 적지 않은 수가 현재까지 조총련 간부 등으로 활동하고 있는 게 일본의 현실이다. 이들의 선거권을 제한할 수 없는 현실임에도 불구하고, 민단계 동포들은 이들의 선거 참여를 인정하지 못하겠다는 분위기다. 하지만 선거권은 국민으로서의 권리이자 사상을 이유로 선거권을 제한할 수 없는 탓에, 법과 감정의 부조화가 일어나고 있다.

중국

중국에 파견된 재외선거관들 역시 투표 참여율을 높이기 위해 신고 절차를 간소화하고, 투표 참여 방법을 다양화해 줄 것을 요청하였다. 특히 공관 밖 순회 투표제를 도입해 교민 밀집 지역이나 교회 등의 다중 집합시설을 투표 장소로 활용하는 방법을 제안하였다. 또 해외라는 특수성을 인정해 교민 스스로 버스 등을 임차해 공관으로 오는 것을 폭넓게 인정하는 제도도 도입되기를 희망하였다. 더불어 신고, 신청시 우편 투표를 원하는 교민들에게는 투표 용지를 발송해 주는 방안도 제시하였다. 적절한 투표 방법으로는 중국의 특성을 반영하듯 공관 투표가 압도적이었으며, 우편 투표와 인터넷 투표를 요구한 응답자도 있었다.

영주권자에게 지역구 선거를 허용하는 방안은 한목소리로 반대였다. 영주권자는 한국 국적을 갖고 있음에도 불구하고 한국 내 특정 지역의 주민이라는 의식이 없다는 것이다. 따라서 지역구의 현안을 알지도 못하고, 관심도 갖고 있지 않기 때문에 그들에게 선거권을 줄 수 없다고 지적하였다. 영주권자들에게 지역구 선거 참여를 허용할 경우 투표 결과의 왜곡을 초래할 가능성도 거론되었다.

재외선거가 동포 사회에 미치는 영향에 대해서는 모국에 대한 정치적 관심을 증대시키고, 대한민국 국민으로서의 자긍심을 고취시키는 역할을 하고 있다고 평가하였다. 재외선거가 동포 사회의 분열과 반목을 조장할 수 있다는 우려에는 대부분 '별로 그렇지 않을 것이다'고 응답하였다. 재외선거가 심각하게 우려할 만한 분열과 반목을 일으키지는 않을 것이라는 의견에도 중국 내 재외선거관들은 공감하였다. 한 재외선거관은 동포 사회의 분열 방지를 위해 해외 정당 조직 설립과 활동을 제한할 필요가 있다는 의견을 제시하였다.

공명선거에 대한 우려는 '별로 그렇지 않을 것이다'는 공통된 의견을 피력하였다. 선거 과정의 불법과 부정을 차단하기 위한 방안으로는 시간과 비용이 들더라도 지속적인 홍보와 계도 활동을 통해 건전한 투표 의식을 제고하는 게 가장 확실한 방법이라는 입장이었다. 불법과 부정행위가 발생했을 경우 엄정하고 신속한 조치를 취하는 것 또한 불법을 차단하는 길이라는 의견이었다.

중국 내의 정치활동 금지로 인해 재외선거를 홍보하는 데는 많은 제약이 있다고 밝혔다. 홍보 수단이 제한적일 수밖에 없으며, 대면 홍보가 가장 효과적이지만 관할 구역이 넓어 어려움이 많다는 것이다. 중국은 정치적으로 특수한 상황인 점을 고려해 별도의 맞춤형 홍보 방법이 나와야 할 것이라는 주장도 새겨들을 만한 대목이었다.

재외선거의 문제점은 공관 투표만 허용하는 현행 방식이 우선적으로 꼽혔다. 인터넷 투표나 재외국민들이 많이 거주하는 도시에 별도의 투표소를 추가 설치하는 방안을 검토할 필요가 있다는 주장이었다. 한 중국 주재 재외선거관은 동포 사회의 여론 주도층 핵심 인사 가운데 일부는 재외선거를 부정적으로 본다고 밝혔다. 또한 재외 공관장의 역할이 재외선거의 성공 여부를 좌우한다며, 재외선거의 성과를 공관장 평가 요소에 반영할 것을 제안하였다.

한국인 업체나 기관 또는 조식에 근무하는 농포늘이, 선거에 별다른 관심을 보이지 않는 상사들의 눈치를 무릅쓰며 재외선거 기간중 접근이 쉽지 않은 투표소까지 찾아간다는 것은 쉬운 일이 아닐 것이다. 또한 재외 공관장 같은 동포 사회의 영향력 있는 인사가 선거기간뿐 아니라 평상시에도 재외선거의 필요성과 참여를 강조하는 홍보의 선봉장이 된다면, 파급 효과가 훨씬 커질 것이라는 지적도 설득력 있게 다가왔다.

기타 지역(아시아 3개국, 남미 1개국)

재외국민의 투표 참여율을 높이기 위해서는 선거인 명부 등록 신청 제도를 확대하고 투표 방법을 쉽게 할 필요가 있다는 의견이 많았다. 신청 제도와 투표 방법 개선을 연계해야 투표율 상승효과가 클 것이라는 주장도 나왔다. 선거인 명부와 관련해서는 인터넷 신청과 함께 영구명부제, 투표 방법으로는 우편 투표제 도입이 주로 거론되었다.

한 재외선거관은 공관까지의 거리가 1천 킬로미터 이상인 재외국민도 적지 않아 등록과 투표가 이원화된 현재의 투표 체계에서는 생업과 소요 경비 문제로 인해 참여가 불가능 할 수밖에 없다고 지적하였다. 재외 선거 때마다 선거인 등록을 하도록 규정한 조항은 국내 선거인과도 형평성 차원에서 문제가 될 수 있다는 비판도 있었다. 전 세계를 권역별로 나눠 재외동포들에게 비례대표 의석을 부여하면 투표율을 높일 수 있을 것이라는 의견도 나왔다. 적절한 방법으로는 우편 투표가 가장 많은 지지를 받았으며, 인터넷 투표가 그 뒤를 이었고, 팩스 투표를 제안한 경우도 있었다.

영주권자에게 지역구 선거를 허용하지 않은 데 대해서는 허용할 필요가 없다는 의견이 절대적이었다. 지역구 선거는 선거구역과 그 지역구 안에 주민등록이 되어 있음을 전제로 선거인 명부를 작성하는 것이기 때문에, 영주권자에게 투표권을 허용할 경우 형평성 문제가 제기될 수 있다는 지적이었다. 설령 투표권을 인정한다 해도 등록 기준지 등 선거구역을 확인하기 어려워 명부 작성에 어려움이 있고, 많은 사람이 이의를 제기할 가능성이 높다는 것이다. 따라서 선거인 명부의 생명인 정확성에 어려움이 따를 수 있다고 지적하였다.

재외선거가 동포 사회에 미칠 영향에 대해서는 긍정적인 의견과 부정적인 의견이 모두 제기되었다. 글로벌한 시각에서 국내 정치에 참여해 한국 정치의 선진화에 기여할 수 있다는 판단과 정당별 호불호에 따른 분열과 반목을 우려하는 목소리가 그것이다. 일부 국가에서는 재외선거로 인해 한국 학교 운영과 같은 정부의 보조가 필요한 분야에 국내 정치인들의 협조가 있을 것이라는 현실적인 기대감도 있었다고 밝혔다.

재외선거가 분열과 반목을 조장할 수 있다는 우려에 대해서는 '별로 그렇지 않을 것이다'는 응답과 '약간 그럴 것이다'는 답변이 재외선거관들 사이에 지역별로 엇갈렸다. 분열을 방지하기 위해 정치인들이 선거가 임박한 시점에 해외에 머물지 않았으면 좋겠다는 의견이 있었다. 한 재외선거관은 동포 사회의 분열은 재외선거가 도입되기 전에 이미 고착화된 경우가 많다고 전하였다. 수차례의 한인회장 선거 과정에서 재외동포 사회 안에 대립과 반목의 골이 형성되어 있는 터에, 재외선거 과정에서 상황이 더 악화될 수 있다는 것이다. 그는 보다 근본적으로 재외동포 사회 민간 선거 과정의 투명성을 높이기 위해 선서 관리를 시원하는 방안도 생각할 필요가 있다는 견해를 제시하였다.

또한 대사관과 한인회의 역할이 동포사회의 분열을 막는 데 중요한 만큼, 대사관 직원들과 한인회 간부들을 대상으로 정치적 중립성을 지키도록 유도해야 한다는 의견도 나왔다. 일부 공관의 경우 공관원이 '갑질'을 하며 재외국민들에게 군림하는 인상을 주는 경우가 종종 있었다는 따끔한 질책도 제기되었다.

재외선거관들은 재외선거의 홍보 활동이 지역별 편차가 크다는 점을 인정하고, 특색에 맞는 홍보를 강화해야 한다고 밝혔다. 중국의 경우 선거 포스터 전시도 허용하지 않는 분위기이지만, 아시아의 또 다른 나라는 포스터뿐 아니라 현수막, 가두 캠페인도 가능하고, 민속 축제나 한인단체 행사를 이용한 홍보도 허용되었다고 밝혔다. 재외동포들을 직접 만나 대면 홍보를 할 수는 있지만, 인력과 시간의 한계로 어려움이 발생한다. 따라서 이메일 등 연락처 확보가 관건이라는 의견이 많았다. 한인회의 중립성을 담보할 수 있다면, 한인회가 나서 홍보할 수 있도록 예산을 지원하는 방안을 검토하자는 주장도 나왔다.

한 재외선거관은 공관장의 비협조와 공관원의 관심 부재를 홍보 활동의 장애로 꼽았다. 남미의 한 공관장은 한인 신문에 선거인 등록과 투표 참여를 독려하는 광고를 실으려 하자, 국고를 낭비해 가며 예산을 쓴다는 이유로 결재판을 집어 던지기도 하였다고 전하였다. 재외선거관의 역할과 공관의 업무가 충돌할 수 있는 여지를 보여주는 대목이다.

재외선거가 전체 선거 결과에 미치는 영향에는 상당한 변화가 예상된다는 의견이 대두하였다. 2012년 대통령 선거와 국회의원 총선거에서는 그 영향력이 크지 않았지만, 앞으로 투표 편의를 확대하고 재외국민 비례대표 의석제를 도입하는 등 동기를 부여하면 영향력이 증대되리라는 것이었다. 19대 국회의원 총선에서도 서울 강남과 송파, 서초, 양천 등 국외에 지역구민이 많이 나가 있는 지역에서는 다소 영향을 미쳤을 것이라는 분석도 나왔다.

재외선거와 관련해 과다 비용 논란이 제기되고 있음을 우려하는 목소리도 나왔다. 배타적인 입장을 취하기보다는 재외선거 참여로 글로벌 마인드를 가진 한민족 네트워크를 강화함으로써 얻는 정치경제적 이득이 클 것이라는 인식의 전환이 필요하다는 지적이었다.

또 재외선거 제도의 완전한 정착을 위해서는 외교부의 적극적인 협조가 필수적인데 지난 선거 초기 단계에서 재외공관 직원들의 비협조로 업무에 어려움을 겪었다는 이야기도 나왔다. 외교부 직원들이 외교관 이전에 대한민국 공무원임을 자각해야 한다는 주장, 선관위와 외교부 등 다른 기관의 협조를 법제화하는 방안도 제시되었다. 재외공관장 평가에 재외선거 항목을 추가할 필요가 있다는 이야기도 다시 나왔다.

04
재외선거 제도의 개선 방향

1. 18대 국회 초기 발의안

지금까지 재외동포 현황부터 시작해 재외선거 제도의 도입 과정, 18대 대선과 19대 총선에 참여한 국외 부재자와 재외선거인의 투표 행태 등을 집중 분석하고, 그들의 바람을 살펴보았다.

앞으로는 두 차례 선거 과정에서 나타난 문제점과 개선 방향을 짚어 본다. 우선 여야 정치권의 개선안을 살펴보고 국회를 통한 논의 과정을 점검한다.

앞서 2009년 2월 국회 본회의에서 의결된 재외선거 제도 개선안 내용을 설명한 바 있는 만큼, 이제부터는 2009년 3월 이후 국회에 제출된 개정안을 살펴본다.

국회 의사일정과 분류 편의상 2010년 6월 23일까지 국회에 제출된 공직선거법 개정안을 먼저 다룬다. 개정안 발의 배경과 국회 전문위원의 검토 결과를 짚어볼 것이다.

다양한 제안이 쏟아져 나오다

먼저 2009년 3월 9일 이후 2010년 6월 23까지 국회에 제출된 정치 관계법 개정안 내용을 정리해 보자.

2009년 3월 민주당 김영진 의원은 기존 투표 방식에 더해 우편 투표와 인터넷 투표를 도입하자고 제안한다. 거소에서 송부 받은 투표용지에 후보자의 성명이나 정당의 명칭 또는 기호를 적은 다음, 이를 회송용 봉투에 담아 선거일 9일 전까지 중앙선관위에 배달 확인이 가능한 국제 특급우편으로 발송하는 우편 투표를 시행하자는 내용이다. 또 중앙선관위가 지정하는 시간에 정해진 인터넷 홈페이지에서 본인 확인을 거친 후 전자기표 방식으로 투표하는 인터넷 투표를 추가하자는 것이다. 중앙선관위는 인터넷 투표의 본인 확인, 비밀유지 등에 필요한 기술적 조치를 취하고, 재외투표 가운데 공관 투표와 우편 투표는 구, 시, 군 선관위가, 인터넷 투표는 중앙선관위가 개표하도록 하는 내용을 담고 있다.

2009년 9월 15일 새누리당 박준선 의원은 '공관 외 추가 재외 투표소 설치'와 우편 투표 도입을 제안하였다. 추가 투표소 설치와 운영은 재외선거인의 수나 분포 등을 고려해 중앙선관위가 규칙으로 정하자는 내용이다.

2009년 12월 7일 새누리당 안경률 의원은 재외선거인 등록 신청 기간을 선거일 전 150일에서 1년으로 연장하고, 공관이 설치되지 않은 국가에 거주하는 재외선거인을 위해 선택적으로 우편 투표를 도입하며, 추가 재외투표소를 설치하자는 내용의 개정안을 발의하였다. 주요 내용은 다음과 같다. 먼저 재외선거인 등록신청서 또는 국외 부재자신고서를 작성 접수할 때에 공관 투표나 우편 투표 방식을 선택하도록 한다. 국외 부재자 신고 대상자가 우편 투표를 선택할 경우에는 신고시에 반드시 공관을 방문하여 본인 확인을 받도록 한다. 우편 투표를 선택한 선기인은 우편 투표 또는 공관 투표소에서 투표힐 수 있으며, 국제우편 요금은 선거인 본인이 부담하도록 한다. 또 재외선거인 등록 신청기간이 만료된 이후 관할구역 안의 재외선거인 수와 교통여건 등을 고려해 공관 외의 장소에 재외투표소를 추가로 설치하는 권한을 재외 선거관리위원회에 부여한다.

2010년 3월 23일 민주당 김성곤 의원은 '재외선거인 등록신청 순회 접수'와 '공관 외 지역 순회 투표소' 설치, 재외투표 시간 연장을 내용으로 하는 공직선거법 개정안을 발의하였다. 주요내용을 살펴보자.

재외투표 관리관은 재외선거인 등록 신청기간 동안 일정 지역을 순회하는 순회 사무원을 두어 재외선거인이 이들에게 재외선거인 등록신청서를 제출할 수 있게 한다. 재외 선거관리위원회는 재외선거인의 수와 교통여건 등을 고려해 공관 외의 지역을 순회하며 재외투표소를 운영할 수 있도록 한다. 또 재외투표소는 매일 오전 6시에 열고 오후 9시에 닫도록 한다. 투표 시간을 연장한 것은 기존의 투표 시간이 오전 10시에서 오후 5시까지로 되어 있어, 직장을 다니거나 자영업 등을 하는 재외선거인의 경우 휴일이 아니면 실제로 투표권을 행사하기 어려운 실정이기 때문이다.

2010년 6월 23일 새누리당 김충환 의원은 등록 신청 때 우편 접수를 허용하고 공관 외 추가 재외투표소 설치를 골자로 한 공직선거법 개정안을 발의하였다.

이들 다섯 의원의 공직 선거법 개정안은 2010년 6월 소관위원회인 행정안전위원회로 넘겨져 검토 과정을 밟았다. 당시의 검토 보고서를 통해 국회 차원의 재외선거에 대한 인식을 가늠해 볼 수 있다.

국회 행정안전위원회의 검토 보고

국회 행정안전위원회는 검토 보고서를 통해 우편 투표와 인터넷 투표에 대해 찬반의 입장을 함께 소개하고 우려스러운 사항을 집중 정리하였다. 다만 우편 투표와 인터넷 투표에 대한 반대에 있어서 그 정도의 차이를 감지할 수 있다. 우편 투표의 경우 공정성 확보를 위한 대책이 필요하다는 점을 강조한 반면, 인터넷 투표의 경우 우리 사회가 전자투표 제도에 대한 신뢰성이나 공감대가 부족하다는 현실론을 반대 이유로 들었다. 또 교섭 단체간 협의가 선행되어야 한다는 점을 덧붙여 반대론에 좀더 비중을 두었다.

우선 도입 반대의 논리를 살펴보자. 국회 행정안전위원회는 전문위원 검토 보고서에서, 우편 투표와 인터넷 투표 반대의 논리로 선거의 공정성 확보가 중요한 요소임을 내세웠다. 선거의 공정성 확보가 쉽지 않다는 판단에 따라 19대 총선에서는 재외국민들이 직접 공관 투표소를 찾아 투표하는 공관 투표 방식만이 인정되어 우선적으로 도입되었고, 우편 투표와 인터넷 투표는 허용되지 않았다는 점을 상기시켰다.

재외선거는 대한민국의 사법권이 미치지 않는 국외에서 실시된다는 본질적 특성을 고려할 때, 국외에서 우편 투표를 실시할 경우 대리 투표, 매표 행위 등 불법 행위를 직접적으로 단속하거나 수사하는 데 곤란한 측면이 있기 때문에, 공정성 확보 방안을 함께 검토할 필요가 있다고 지적하였다.

인터넷 투표에 대해서는 좀더 부정적인 견해를 제시하였나. 해킹 등 외부의 공격이나 전산 장애에 대한 보안성이 취약하다고 밝혔다. 우리 사회가 인터넷 투표와 같은 전자선거 제도에 대한 신뢰성과 공감대가 아직은 부족한 상황임을 고려할 필요가 있다고 덧붙였다.

인터넷 투표 역시 우편 투표와 마찬가지로 외국에서의 대리 투표, 매표 행위 등 투표 부정 행위를 단속 조사하기 곤란한 측면이 있어서, 공정성 확보가 어렵다는 것이다. 더욱이 투개표 사무 관리의 전산화를 위해서는 교섭단체간 협의가 필요하다는 공직선거법 제278조 제4항의 규정이 있기 때문에, 인터넷 투표의 도입 여부는 신중한 접근이 필요하다고 강조하였다.

아울러 재외선거에서 우편 투표와 인터넷 투표를 허용할 경우 보통, 평등, 직접, 비밀 선거의 원칙을 명시한 헌법 측면에서도 문제가 있음을 지적하였다. 재외국민에게만 우편 투표나 인터넷 투표를 허용하고 국내 도서지역이나 산간벽지 등 오지에 거주하는 사람에게는 이를 인정하지 않을 경우, 형평성 내지는 평등 선거의 원칙을 훼손할 수 있다는 것이다.

또 우편 투표와 인터넷 투표의 실시는 자신의 의사결정이 타인에게 알려지지 않도록 하여 선거의 자유 분위기를 보장하는 장치인 비밀 선거의 원칙이 훼손될 수 있다고 밝혔다.

이번에는 도입을 찬성하는 논리를 살펴보자. 국회 행정안전위원회가 전문위원 검토 보고서를 통해 우편 투표와 인터넷 투표의 찬성 논리로 제시한 내용은 다음과 같다. 먼저, 원거리 거주자의 투표 참여 문제와 공관이 협소한 점 등을 감안하면 우편 투표와 인터넷 투표의 필요성이 인정된다는 것이다.

우편 투표제가 도입되면 공관으로부터 원거리에 거주하거나 거동이 불편한 사람 또는 작전지역을 이탈할 수 없는 파병 군인 등에게 투표 참여의 기회를 확대해 재외국민의 참정권 행사를 실질적으로 실현시키는 데 일조할 것으로 보인다고 밝혔다. 또 투표소 운영에 따르는 행정 절차와 소요 비용을 감축시킬 수 있을 것으로 기대하였다.

인터넷 투표가 도입되면 간편하게 투표할 수 있는 편의성이 높아져 투개표에 따른 인력 소요와 행정 절차를 대폭 감축시킬 수 있는 장점이 있다고 밝혔다.

국회 행정안전위원회의 다소 애매한 입장은 검토 보고서의 마지막 대목에서 약간의 방향성을 제시한다. "끝으로 헌법재판소가 재외국민의 선거권을 인정한 결정문에서 우편 투표를 재외선거의 기본적 투표방법의 하나로 상정하였고, 외교통상부도 2009년 정치개혁특별위원회에 재외선거인이 투표소 투표와 우편 투표 중 하나를 선택할 수 있도록 하는 것이 바람직하다는 의견을 제시하였음을 참고할 필요가 있다."(행정안전위원회 전문위원, 《공직선거법 일부 개정안 검토 보고서》, 12쪽, 2010년 11월 23일)

행정안전위원회는 그밖의 쟁점들에 대해서는 어떤 입장을 보였을까? '공관 외 투표소 운영'은 재외국민에게 투표 편의를 제공하고 투표율을 제고할 수 있는 장점이 있지만, 외교적 마찰을 초래할 수 있다고 밝혔다. 중국, 독일, 캐나다의 경우 공관 이외의 장소에 투표소 설치를 허용하지 않고 있는데, 이들 국가에서 추가로 투표소를 설치하거나 순회 투표소를 운영할 경우 주권 침해의 문제가 불거질 수 있다고 우려하였다. 또 외교상의 면책특권이 적용되는 재외공관이 아닌 일반 시설물에 투표소를 설치할 경우 불법 선거운동이나 부정투표 행위를 단속하기 어렵고, 치안 문제도 고려할 필요가 있다고 덧붙였다.

재외투표 시간의 연장에 대해서는 신중론을 폈다. 재외투표 기간이 6일간 운영되고 공휴일이 포함되어 있어 별 지장이 없다는 주장이 있을 수 있는 만큼, 투표 시간 연장으로 참여도가 어떻게 나타날지에 대한 조사·연구가 필요하다는 지적이었다. 또 재외투표 시간이 연장될 경우 주재국의 치안 상태가 양호하지 아니하거나 야간 활동이 어려운 지역의 재외국민에 대한 안전문제가 신중히 고려될 필요가 있다는 점도 제기하였다.

재외선거인 등록 신청과 국외 부재자 신고기간을 선거일 전 150일에서 1년으로 연장하자는 개정안은 긍정적으로 평가하였다. 외국 거주자가 재외선거인 등록신청을 할 때 공관을 직접 방문하도록 되어 있어 생업에 종사하는 재외국민들의 어려움이 있는 만큼, 투표 기회를 확대하려는 취지는 전향적이라는 것이다. 다만, 재외 동포 사회의 선거운동 분위기가 일찍 조성되어 선거 분위기가 과열될 우려가 있고, 기간 연장에 따른 인력, 예산의 추가 확보 등 선거 사무의 처리 여건도 함께 고려할 필요가 있다고 밝혔다.

순회 접수와 우편 접수를 통한 등록 신청은 투표율 향상을 기대할 수 있다는 측면에서 긍정적이라고 평가하였다. 하지만, 우편 신청을 허용할 경우 재외선거인 등록 신청 대상자들이 거주국의 시민권을 획득했을 개연성도 있기 때문에, 국외 부재자 신고 대상자보다 엄격한 본인 확인 절차가 따라야 한다고 지적하였다.

국회 행정안전위원회의 검토 결과에도 불구하고, 위의 개정안은 2012년 18대 국회 임기 만료와 함께 폐기되었다.

2. 18대 국회 중·후반기 발의안

여야 의원들의 발의안

이번에는 2010년 10월 이후 발의된 공직선거법 개정안의 국회 처리 과정을 집중 점검해 본다. 의원 7명이 낸 개정안의 요지를 살펴보고, 이를 심의하는 국회 정치개혁특위 여야 의원들의 발언 내용을 짚어 본다.

2010년 10월 19일 새누리당 안상수 의원이 개정안을 대표 발의하였다. 재외국민이 공관을 직접 방문하는 것 이외에 우편이나 인터넷으로도 재외선거인 등록이 가능하도록 하고, 재외 선거관리위원회는 재외선거인 등의 수, 재외선거인 등의 거주지 분포 현황, 공관까지의 교통 여건 등을 고려해 공관 외의 시설에 추가로 재외투표소를 설치할 수 있도록 하자는 내용이다.

2010년 10월 27일 새누리당 조진형 의원은 한 발 더 나아가 재외 선거관리위원회는 해당 공관 관할 구역 내에 재외선거인 등의 수, 거주지 분포 현황, 교통 여건 등을 종합적으로 고려하여 교통 편의를 제공할 의무를 지고, 종교단체 또는 사회단체가 재외 선관위의 허가를 받아 차량 운행을 하며, 허가를 받지 않고 차량을 운행할 경우 벌칙을 신설하자는 내용을 담고 있다. 조진형 의원은 2011년 5월 16일에는 대통령 선거와 국회의원 선거의 선거일이 1년 이내인 경우, 직전 선거에서 재외선거인 명부에 등록된 재외선거인은 다시 등록을 하지 않도록 하고, 변동 사항이 있는 경우 신고하는 내용의 법안을 제출하였다. 또 재외선거인 등록 신청을 동거 가족이 대리 신청할 수 있도록 하였다.

2011년 3월 21일 무소속 유정현 의원은 파병 군인의 우편 투표 도입을 요구하는 개정안을 발의하였다. 파병 군인의 재외 투표지 국내 회송 우편 요금은 국가가 부담한다는 내용을 담고 있다.

2011년 3월 29일 자유선진당 박선영 의원은 국외 부재자 신고 때 우편 신고제를 도입하고, 재외선거인 등록 때 문서, 인터넷, 우편을 사용할 수 있도록 하며, 인터넷 투표를 도입하는 내용의 법안을 발의하였다. 또 반경 50킬로미터 내의 재외선거인이 5천 명 이상인 경우, 추가로 재외투표소를 설치하고, 국외 선거사범의 공소시효를 10년으로 하는 내용을 담았다.

2011년 3월 31일 새누리당 윤상일 의원은 재외투표 기간을 선거일 전 13일부터 선거일 전 8일까지로 변경하는 내용의 법안을, 새누리당 구상찬 의원은 재외선거인 등록 신청 때 우편 접수를 허용하고, 정당 후보자 정보 자료와 투표 용지, 재외선거 안내문에 해당국 언어를 병기하도록 한 개정안을 각각 발의하였다.

2011년 9월 14일 새누리당 윤상현 의원은 조선적 재외동포의 재외선거 참여제한을 요구하는 법안을 발의해 눈길을 끌었다. 윤상현 의원은 제안 이유를 통해 조선적朝鮮籍으로 일본에 거주하는 재일동포가 국적 변경 신청을 통해 한국 국적을 취득하고 투표에 참여할 경우, 친북 성향을 가진 사람이 투표에 참여할 수 있기 때문에 방지책이 요구된다고 밝혔다. 윤상현 의원은 따라서 중앙선관위와 구, 시, 군의 장이 재외신거인 명부 및 국외 부새사 선거인 냉부 작성 때 대한민국의 이익과 안전을 해칠 염려가 있다고 인정할 만한 상당한 이유가 있는 사람에 대해서는, 명부에 올릴 수 없도록 하려는 것이라고 제안 이유를 밝혔다. 조선적은 1945년 해방 후 일본에 살고 있는 재일동포 가운데 대한민국이나 북한의 국적을 갖지도, 일본에 귀화하지도 않은 이들에게 부여된 일본 외국인 등록제도상 편의상의 적籍으로, 사실상 무국적자 취급을 받고 있다고 윤 의원은 덧붙였다.

2011년 8월 4일 민주당 김성곤 의원은 재외선거시 영구명부제 도입을 발의하였다. 김 의원은 재외선거인은 선거인명부 작성을 위해 매 선거마다 직접 공관을 방문해야 하기 때문에 선거권 행사에 어려움이 많다면서, 일본, 프랑스, 미국 등 많은 선진국과 마찬가지로 영구명부제를 채택하자고 주장하였다. 최초로 작성된 재외선거인 명부는 영구히 보관하고, 한번 재외선거인 명부에 등록된 재외선거인의 경우 향후 국적 변경이나 주소 변동 등 중앙선관위 규칙으로 정하는 신분의 주요한 변화가 있을 때, 본인의 요청에 따라 재외선거인 명부를 변경할 수 있도록 하자는 것이다. 김성곤 의원은 영구명부제와 함께, 재외동포가 현지에서 한국어로 운영하는 언론사의 방송 시설을 이용한 방송 광고와 방송연설을 허용하고, 국외 선거운동시 위성방송 시설 외에 인터넷 등 국외 송출이 가능한 시설을 추가하는 개정안도 발의하였다.

국회 정치개혁특위 심의 분석

　이 같은 다양한 발의안은 2011년 10월 17일 국회 정치개혁특위 심사 소위원회에서 다루어졌다. 19대 총선 재외선거인 등록 신청이 시작되는 11월 13일을 한 달도 안 남겨둔 상황이었다. 회의에는 소위 멤버인 여야 의원과 국회 전문위원, 중앙선관위 선거실장, 외교부 재외동포 영사국 심의관이 참석해 토론을 벌였다. 이 과정에서 의원들이 개별 발의한 개정안에 대한 여야의 입장과 중앙선관위, 정부의 입장을 읽을 수 있다. 앞서 살펴본 2010년 국회 행정안전위원회 전문위원 검토 보고서에 비하면 보다 구체적인 입장이 담겨 있다.

　다음 내용은 2011년 10월 17일 김정훈 소위 위원장 주재로 국회에서 열린 제303회 정치개혁특위 심사 소위원회의 회의록을 토대로 한 것이다.

재외선거인 등록 신청 방법

　우선 쟁점은 재외선거인의 등록 신청 방법을 확대하는 방안이었다. 재외선거인이 공관을 직접 방문하여 등록 신청을 하도록 되어 있는 법안을 개정해 우편 등록, 인터넷 등록, 순회 등록, 대리 등록을 허용할지 여부가 관건이었다.

　국회 전문위원은 재외선거인의 경우 등록 신청 및 투표를 위해 두 번 공관을 방문하여야 하는데 상당한 시간과 비용이 소요되고 있다면서, 우편, 인터넷, 순회 등록 등이 도입되면 투표율 제고를 기대할 수 있다고 밝혔다. 다만 우편, 인터넷 등록을 도입할 경우 투표 단계에서 본인 여부 및 복수 국적 여부에 대한 철저한 확인이 필요할 것으로 보인다고 단서를 달았다.

중앙선거관리위원회는 여야가 합의한다면 우편 등록 신청제를 도입할 수는 있지만, 시일이 촉박한 만큼 대선 때부터 적용하자고 제안하였다. 중앙선거관리위원회 선거실장은 이미 현행법을 토대로 재외선거 절차가 시작되었다면서, 만약 여야가 우편 등록 신청제를 도입한다면 접수 절차를 늦춰야 한다고 지적하였다. 19대 총선에는 적용을 유보하고 18대 대선 때부터 적용하는 것으로 하되, 시행 시기를 부칙으로 달아 통과시키는 방법도 있다고 설명하였다. 중앙선관위는 우편 등록과는 달리 인터넷 등록과 순회 등록은 특별히 언급하지 않았다.

외교통상부는 우편 접수에 대해서는 긍정적인 반응을 보인 반면, 순회 접수에 대해서는 부정적인 입장을 밝혔다. 소위에 참석한 외교통상부 재외동포 영사국 심의관은 순회 접수의 경우 현지 공관이 주재하고 있는 국가별로 입장 차이가 나고, 현지의 정책적인 판단에 의해서 순회 접수 자체를 불허하는 지역도 있다며, 중국을 예로 들었다. 이 심의관은 또 순회 접수 실시 지역과 비실시 지역간의 형평성 문제, 치안 확보의 어려움, 인력과 예산의 확보 문제 등을 이유로 순회 접수보다는 우편 접수 도입을 지지하는 입장을 밝혔다.

위원회 논의 과정에서 우편 접수와 우편 투표를 함께 논의하자는 위원장의 제안이 나왔다. 재외국민이 투표 절차를 밟기 위해서는 접수할 때든 투표할 때든 한 번은 반드시 공관에 나와야 한다는 중앙선관위의 언급에 따른 것이었다. 중앙선관위는 재외국민이 공관에 직접 나와야 하는 이유를 설명하였다. 예를 들어 미국의 경우 시민권을 취득하려면 영주권을 반납해야 하기 때문에, 시민권 또는 영주권의 원본을 확인해야 해당 시점의 국적을 가릴 수 있다는 것이었다.

우편, 인터넷 투표 도입

화제는 우편, 인터넷 투표 도입으로 옮겨갔다. 국회 전문위원은 우편, 인터넷 투표제가 도입될 경우 공관에서 먼 거리에 거주하거나 거동이 불편한 경우 또는 작전지역을 이탈할 수 없는 파병 군인 등의 투표 참여 기회가 확대되고, 투표소 운영에 따르는 인력 및 비용 소요를 감축할 수 있을 것으로 본다고 밝혔다.

다만, 대한민국의 사법권이 미치지 않는 국외에서 우편 투표가 실시되는 경우, 대리 투표나 매표 행위 등의 불법 행위에 대한 단속 등이 곤란할 수 있으며, 인터넷 투표 때 해킹 등 외부의 공격이나 전산 장애에 대한 보안성 강화가 전제되어야 할 것으로 본다고 덧붙였다.

중앙선거관리위원회 선거실장은 우편 투표제를 도입할 경우에 행정적으로 무리는 없다고 밝혔다. 우려되는 부분은 대리 투표 등의 부정 행위를 완벽하게 차단할 수 있느냐는 점이라고 지적하였다. 이런 차원에서 정치권의 충분히 양해가 이루어진 상태에서 통과되어야 하지 않을까 본다고 덧붙였다. 일부 극단적인 상황이 발생한다 해도 전체의 편의성을 도모하기 위해서 필요하다면 도입할 수 있다는 입장을 밝혔다.

외교통상부는 국회 전문위원이나 중앙선관위에 비해 더 적극적으로 우편 투표 도입을 찬성하였다. 외교부 재외동포 영사국 심의관은 우편 투표를 도입하는 것이 유효하고 적절한 방법이라면서 재외선거에서 국내와 유사한 수준의 투표소 설치는 어렵지 않겠느냐고 말하였다.

외교부측은 또 우편 투표는 경제개발협력기구OECD 회원국 가운데 3분의 2 이상이 채택하고 있는 검증된 투표 방법으로, 이들 국가의 사례에서 공정성 확보방안을 벤치마킹할 수 있다고 설명하였다. 한편 우리나라의 사법권이 미치지 않는 외국에서 이루어지는 투표 또는 정치 행위라는 측면에서 현지 국가와의 마찰 소지를 최소화할 수 있다며, 우편 투표제 도입을 적극 지지하였다.

우편 투표에 대한 여야의 입장은 엇갈린다. 새누리당은 조기 도입을 강조한 반면, 야당은 신중한 도입을 촉구하며 사실상 반대하고 나섰다. 당시 나타난 여야 의원들의 발언을 살펴보자. 새누리당 소속인 김정훈 소위 위원장은 외교통상부의 입장에 공감을 표시하며, 우편 투표와 함께 우편 등록 신청까지 도입할 것을 촉구하였다.

김정훈 위원장은 특히 OECD 회원국 가운데 3분의 2 이상의 국가가 채택하고 있는 보편적인 제도로 어느 정도 검증된 만큼, 우편 투표와 우편 등록 신청까지 도입해야 된다고 주장하였다.

민주통합당 조경태 의원은 반대하는 입장을 밝혔다. 조 의원은 헌법재판소에서 판결이 난 이후 처음 시도하는 것인 만큼, 한번 해 보고 보완할 것이 있으면 보완해 나가는 것이 옳다고 주장하였다. 특히 우편 투표라든지 인터넷 투표제는 조금 더 고민해야 될 부분이 없지 않다며 반대 입장을 밝혔다.

여야의 입장이 엇갈리자 중앙선관위 선거실장은 우편 투표 제도를 당장 채택하지 않더라도 제한적으로 필요한 부분이 있다며 타협안을 제시하였다. 그는 먼저 14개국 1,450명 정도인 파병 군인들의 경우를 예로 들었다. 파병 군인들은 집단으로 한곳에 머물러 있어서 주둔지를 이탈해 공관까지 투표하러 가기는 쉽지 않다고 밝혔다. 또 재외 선거관리위원회가 설치되지 않은 국가, 공관이 없는 대만에서도 필요하다는 입장을 제시해 야당측으로부터 시범 실시해 보자는 호응을 이끌어 냈다.

그러나 야당측은 전면적인 우편 투표제 도입에 대해서는 반대 입장을 분명히 밝혔다. 민주통합당 백원우 의원은 대리 투표가 나왔을 때 당락 여부에 크게 영향을 미치지 않음에도 불구하고 한국적 현실 속에서는 대단히 큰 문제로 부각될 수 있으며, 재외국민 선거 전체가 매도당할 가능성도 있다고 지적하였다. 따라서 전체적인 당락을 뒤바꾸지 않는 소수의 잘못된 투표 행위에 대해 국내에서 용인할 수 있는 공감대가 형성되기 전에 만약의 문제가 발생하면 전체가 훼손될까 우려된다면서 일단 파병 군인 등에 대해 시범 실시를 한 뒤 대선을 앞두고 다시 논의하자고 주장하였다.

논란은 가열되었다. 김정훈 위원장은 로스앤젤레스 방문 당시의 동포 사회 분위기를 생생하게 전하며 우편 투표제 도입을 거듭 요구하였다. "로스앤젤레스 지역에서 가는 데마다 우편 투표 도입을 해달라는 것이 제일 큰 요구사항이에요. 우편 투표를 해 주느냐 안해 주느냐 그것을 눈에 불을 켜고 쳐다보고 있다니까. 데모를 하듯이 플래카드 들고 나와 가지고 우리더러 그러더라고 '미국이 서울—부산 거리인 줄 알고 있다. 무슨 두 번이나 가서 투표를 하라고 그러느냐.'"(〈제303회 정치개혁특위 심사 소위원회 제7차 회의록〉, 18쪽, 2011년 10월 17일)

이에 대해 조경태 의원은 우편 투표 자체가 사실상 비밀 투표가 안될 수도 있다고 주장하였다. "손자가 자기 할아버지의 의사를 확인하고도 달리 찍고 밀봉해 버리면 누가 아느냐"면서 우편 투표는 극소수에게

예외적으로 허용할 것을 촉구하였다. 그렇지 않으면 모두 다 투표장에
가지 않고 우편 투표를 할 것이라며 반대 의견을 제시하였다.

추가 투표소 설치

공관 외의 추가 순회 투표소 설지 문제도 쟁점으로 부각되었다. 국
회 전문위원은 추가 투표소나 순회 투표소를 도입할 경우 투표율을 높
일 수 있는 장점이 있지만, 설치 지역과 비설치 지역간의 형평성 문제,
치안이 불안한 지역 내 투표소의 치안 확보 문제도 고려할 필요가 있다
는 의견을 제시하였다.

이에 대해 중앙선관위측은 선거의 편의성 부분을 고려하면 불가피
하게 허용해야 한다고 밝혔다. 다만 국가별로는 허용을 아예 불허하는
데가 있는 만큼 국가간의 형평성 문제가 있고, 또 같은 국가 안에서도
설치 기준을 거리로 할 것이냐 인구 밀집도로 할 것이냐에 따른 형평성
문제가 있다고 덧붙였다.

외교통상부측은 치안 문제, 설치 지역과 비설치 지역간의 형평성,
그리고 중국과 다른 국가들 사이의 형평성 문제 등을 고려할 때 현실적
으로 추가 투표소 설치는 어렵다고 주장하였다.

여야의 의견은 이 대목에서도 엇갈렸다. 새누리당 권영진 의원은
현재 선관위나 재외공관이 갖고 있는 능력을 핑계 삼아서 참정권 행사
를 위한 편의를 제공하지 못하는 것은 정부로서 해야 될 도리가 아니라
고 지적하였다. 뻔히 참정권 행사가 안되는 것을 알면서 2천 킬로미터
를 달려와 투표하라고 하면 안된다고 강조하였다. 참정권을 준 원래의
취지에 맞게 예산과 인력을 확보한다는 전제로 최대한 편의성을 제공해

주는 방향으로 나아가야 할 것이라고 지적하였다.

권 의원은 또 재외국민에게 참정권을 준다는 의미는 그들이 사는 나라마다 형평성이 다를 수밖에 없다는 전제가 깔려 있다면서, 국가별 형평성을 빌미로 안해 주겠다는 것은 문제가 있다고 지적하였다. 이런 측면에서 최대한 참정권 행사의 편의성을 보장한다는 원칙 아래, 순회 투표소나 공관 밖 추가 투표소를 허용하는 법을 만들어 놓고, 구체적인 방향은 하부 규정으로 위임하면 된다고 주장하였다.

민주통합당 백원우 의원은 재외국민들의 투표 편의성을 높이는 데는 원칙적으로 동의하였다. 하지만 선거의 보편타당성과 공정성도 중요하다며, 중국 문제에 대해서는 여당이 답을 줘야 한다고 맞받았다. 중국의 경우 북경이나 상해에 수만 명의 교민이나 국외 거주자들이 살고 있는데, 중국 문제를 해결하지 않고 미국만 모델로 두고 논의하면 문제가 있다고 밝혔다.

영구명부제 도입

영구명부제 도입과 관련해 국회 전문위원은 최초 등록 신청시 공관을 방문하고 이후에는 주요한 신분 변동이 있는 경우에만 변경 요청을 하면 되는 만큼, 재외선거인의 등록 신청 편의를 제고할 수 있을 것으로 보인다고 밝혔다. 다만 최초 등록후 국적 변경 등이 있을 때 재외선거인 본인이 변경 요청을 하도록 되어 있어, 자발적인 변경 요청이 이루어지지 않을 경우에는 복수 국적 취득 등으로 인한 선거권 상실 여부를 파악하기 곤란하다는 점, 국내 선거에도 아직 영구명부제가 도입되고 있지 않다는 점을 고려할 필요가 있다고 지적하였다.

중앙선관위측은 영구명부제를 2012년 양대 선거에 적용하기는 어렵다고 밝혔다. 만약 영구명부제를 실시한다면 반드시 투표소에 가서 원본을 제시하도록 해 신분 변동을 확인할 수 있는 장치를 마련해야 하고, 두 번 가량 투표를 하지 않으면 자동으로 명부에서 삭제할 수 있도록 하는 보완책이 필요하다고 밝혔다. 실제로 미국과 깉이 영구명부제를 취하고 있는 국가들 대부분은 투표를 두 번 이상 안했을 때 자동으로 명부를 삭제한다고 덧붙였다.

영구명부제 도입과 관련해 야당은 총선과 대선 사이의 신분 변동을 확인할 수 없다며 반대 입장을 밝혔다. 민주통합당 백원우 의원은 전체적으로 보면 영구명부제를 도입하는 게 맞지만, 한국적인 틀 속에서는 어렵다고 밝혔다.

친북 성향 재일동포의 선거권 제한

친북 성향 재일동포의 선거권 제한에 대한 논의도 이루어졌다. 개정안은 친북 성향 재일동포가 재외선거에 참여함으로써 북한이 국내정치에 개입하는 것을 차단하려는 취지라고 국회 전문위원은 설명하였다. 전문위원의 검토 결과 개정안은 대한민국의 이익과 안전을 해치기 위해 이 법에서 규정한 선거에 참여할 염려가 있다고 인정할 만한 상당한 이유가 있는 사람에 대하여 선거권을 제한할 수 있도록 규정하고 있는데, 이는 헌법상 기본권인 선거권을 제한하기 위한 사유로는 다소 추상적이고, 판단 주체의 재량 여지가 큰 것으로 보인다고 지적하였다.

중앙선관위는 일단 국적 취득이 이루어지고 여권이 발급된 사람들에 대해 선거권을 제한하는 것은 사실상 굉장히 어려운 문제이며, 위헌 논란이 제기될 수 있다고 판단하였다.

중앙선관위측은 북한 정권의 구체적인 지시가 있고 조선적을 가지고 있던 사람들이 거기에 따라서 행동한 것이 증거로써 제시되어 선관위에 통보된다면, 그 명단에 들어 있는 사람들에 대해서는 개표를 보류하고 나머지만 가지고 개표 결과를 공표할 것이라고 밝혔다.

만약 개표를 보류한 표가 당락에 영향을 미칠 정도가 된다면, 선거소송을 통해 그러한 지시가 실제로 있었는지 여부를 다투어 유·무효를 정하는 것이 합리적일 것 같다고 덧붙였다.

이에 대해 민주통합당 백원우 의원은 친북 성향 재일동포의 선거권 제한 문제는 논의할 가치가 없다고 말하였다. 무엇을 친북 성향으로 확인할 것인지 판단의 근거가 없다는 취지였다. 새누리당 박준선 의원은 개정안이 추상적이고 위헌성의 문제가 있기는 하지만, 최악의 경우에 대비한 제재 규정을 만들 필요가 있다고 말하였다.

투표시간 연장

투표시간 연장 문제를 두고도 논의가 있었다. 종전에는 6일 동안, 오전 10시부터 오후 5시까지로 한정되었던 투표 시간을, 오전 8시부터 오후 5시까지로 늘린 데 이어, 추가로 더 늘리자는 내용이었다. 국회 전문위원은 오전 투표를 일찍 시작하고, 오후 시간의 경우 공관별 현지 사정에 따라 재외 선거관리위원회가 탄력적으로 연장할 수 있도록 하는 것이 좋지 않겠느냐는 의견을 제시하였다.

이에 대해 외교통상부측은 공관별로 임의로 투표 시간을 정한다면 공정성 시비가 일 것이라면서 반대 입장을 밝혔다. 중앙선관위측은 투표일이 대개 수요일부터 시작되어 주말과 일요일이 포함된 6일인 만큼 충분하다는 입장을 밝혔다.

새누리당 박준선 의원과 민주통합당 조경태 의원은 주말이 포함된 6일인 만큼 투표할 시간은 충분하다며 현행 법안을 그대로 유지할 것을 주장하였다. 특히 박준선 의원은 임의로 시간을 정할 경우 공관장의 성향이나 정권의 입맛, 재외국민의 정치적 성향에 따라서 투표 시간이 달라질 수 있다는 점에 우려를 표시하였다. 민주통합당 조경태 의원도 이에 공감하였다.

소위는 결국 원래대로 6일 동안에 걸쳐 투표를 실시하고, 오전 8시부터 오후 5시까지로 정해진 투표 시간을 바꾸지 않기로 의견을 모았다.

국내 거소 신고자의 선거권 제한

소위에서는 영주권을 가진 재외국민의 문제도 논의하였다. 여야는 당초 국내 거소 신고를 한 영주권자는 모든 선거에서 선거권을 행사할 수 있도록 법을 개정하기로 하였다. 지역 대표성을 가지고 있는 지역구 국회의원과 지방자치단체 의원 및 장의 선거시 국내에 3개월을 거주한 사람에게 선거권을 주자는 것이었다.

하지만 전체 회의 과정에서 문제가 제기되어 다시 논의 대상에 올랐다. 국내 거주를 3개월로 할 경우 일부 교민들이 특정 지역에 집단으로 거소 신고를 해 놓고 투표 분위기를 장악하면서 선거 전체에 영향을 미칠 수 있다는 우려가 여야 의원들 사이에서 제기되었다.

국회 전문위원은 국내 거소 신고 영주권자의 경우 3개월 거주를 지역구 투표 제한 규정으로 두되, 허위 신고를 할 경우 국내 선거권자와 마찬가지로 처벌하는 방안을 대안으로 제시하였다.

민주통합당 백원우 의원은 영주권자에 한해 지역구 투표를 주지 않는 쪽으로 여야가 합의하면 어떻겠느냐는 의향을 밝혔다. 새누리당 박준선 의원은 현실적으로 영주권자가 특정한 선거구에서 투표할 목적으로 국내 거소 신고를 할 경우, 이를 가려내 처벌할 수 있을지에 대해 회의적인 입장을 밝혔다.

외교통상부측은 영주권자의 실제 거주 여부를 일일이 가려내기는 불가능한 만큼, 원안대로 3개월 이상 계속해서 국내 거소 신고인 명부에 올라 있는 경우에 한해 선거권을 주되, 국내 투표소에서만 투표할 수 있게 하자고 제안하였다.

여야 및 기관별 의견 종합

정치개혁특위 소위에는 김정훈 위원장을 비롯해 새누리당에서 권영진, 박준선 의원이 참석하였고, 민주통합당에서는 백원우, 조경태 의원, 자민련에서는 류근찬 의원이 참여하였다. 국회에서는 문강주 전문위원, 정부측에서는 외교통상부 이영호 재외동포 영사국 심의관, 법무부 공안기획과 이주형 검사, 중앙선관위 김용희 선거실장이 참석하였다.

소위의 발언을 종합해 보면 각각의 입장 차이를 확인할 수 있다.

첫째, 외교부는 공관 외의 추가 순회 투표소에 대해 부정적이다. 일례로 중국의 경우 공관 밖 투표를 허용하지 않아 형평성 논란이 일 수 있는 만큼, 추가 순회 투표소 설치는 어렵다는 것이다. 대안으로 우편 등록과 우편 투표를 적극 찬성한다.

둘째, 새누리당은 우편 등록과 우편 투표의 동시 도입을 적극 지지한다. 로스앤젤레스 등 미국 내 동포 사회가 재외선거 개선에 관심이 많다.

셋째, 민주당은 우편 투표에 대해 부정적이다. 정부와 여당이 미국뿐 아니라 중국 내 재외선거의 참여율을 높이기 위해 관심을 가져야 한다는 입장이다. 또 지역구 의원 투표에 영주권자가 참여하는 데 대해 부정적이다.

넷째, 중앙선관위는 추가 순회 투표소 설치를 찬성한다. 우편 접수와 우편 투표의 경우 파병 군인 등에서부터 실시하는 단계적 도입을 지지한다. 만약 여야가 도입에 합의한다면 전면 도입을 반대하지 않는다.

다섯째, 우편 접수에 대해서는 여야가 반대하지 않는다.

여섯째, 인터넷 투표는 새누리당뿐 아니라 민주당도 조기 실시 관철을 위한 구체적인 움직임을 취하지 않고 있다.

일곱째, 영구명부제는 민주당이 신분의 변동을 확인할 수 없다는 이유로 반대해 여야간 합의가 어렵다.

18대 국회 공직선거법 개정 내용

2011년 3월부터 시작된 국회 정치개혁특위는 6차례에 걸쳐 공직선거법을 개정하였다. 같은 해 7월 28일에 제1차 개정이 이루어졌다. 투표용지를 재외투표소에 설치한 투표용지 발급기로 교부하고, 투표 후에는 해당 선거의 선거권 유무에 대해 대한민국 국민이 아니라는 이유로 법적 행정적 이의 제기를 못하도록 하는 등의 현실적인 문제점 해소에 초점이 맞추어졌다.

2011년 9월 30일에 가결된 공직선거법 2차 개정은 재외선거인 등록 신청을 할 때 복수 국적 여부에 대한 확인을 강화하였다. 종전에는 재외선거인 등록 신청을 하려면 등록신청서에 여권 사본과 국적 확인에 필요한 서류의 사본을 첨부하도록 했지만, 개정안은 사본뿐 아니라 원본을 함께 제시하도록 하였다. 원본을 제시하지 않을 경우 재외선거인 등록 신청이 접수되지 않는다. 또한 재외선거의 투표 시간이 오전 10시부터 오후 5시까지이던 것을 오전 8시부터 시작하도록 변경하였다.

2011년 11월 7일, 제3차 공직선거법 개정이 이루어졌다. 종전에는 국내 거소 신고를 한 영주권자는 대통령 선거와 지역구 국회의원 선거에서 국외 부재자 신고를 하면 국외에서 투표가 가능했다. 하지만 지역구 국회의원 선거가 지역 대표자를 선출하는 것이라는 특성을 고려해, 국외에 체류하는 경우 지역구 선거에서 국외 부재자 투표를 할 수 없도록 규정을 바꾸었다. 다만, 3개월 이상 국내 거소 신고가 되어 있는 영주권자는 별도 국외선거 신고를 하지 않으면 직권으로 국내 선거인 명부에 올라가기 때문에, 국내에서의 투표권 행사에는 아무런 제한이 없도록 하였다.

2012년 1월 17일, 제4차 공직선거법 개정이 이루어졌다. 4차 개정안은 공무원이 재외선거사무 종사 공무원 등에게 재외선거 사무 처리와 관련해 부당한 영향력을 행사하는 경우 3년 이하의 징역이나 6백만 원 이하의 벌금에 처하는 내용을 신설하였다. 또 재외선거 경비의 출납 절차를 재외공관의 경비에 준하여 처리할 수 있도록 하는 내용을 포함하였다.

2012년 2월 29일 이루어진 제5차 공직선거법 개정안은, 국외 선거

범으로 중앙선관위 조사에 불응하거나 기소중지된 사람에게 5년 범위에서 여권 발급 등을 제한할 수 있도록 하였다. 외국인의 경우 당선인의 임기 동안 국내 입국을 제한할 수 있는 규정을 신설하였다. 영사가 법원 또는 검사의 의뢰를 받아 선거범죄 피의자 등의 진술을 청취할 수 있도록 하고, 검사나 사법경찰관은 인터넷 화상 장치를 이용해 진술을 청취할 수 있도록 하는 내용도 포함하였다.

2012년 10월 2일, 공직선거법 제6차 개정이 이루어졌다. 18대 대선을 두 달여 앞둔 시점이었다. 19대 국회 개원과 상임위원회 구성이 늦어지면서, 18대 대선의 재외선거인 등의 신고, 신청 개시일인 7월 22일은 이미 훌쩍 넘겼고, 마감일도 18일밖에 남지 않은 시점이었다.

개정안은 국외 부재자 신고 때 서면만 가능하던 것을 서면 또는 전자우편으로 확대하였다. 또한 본인이 공관을 직접 방문해 재외선거인 등록 신청을 하던 것에 더해, 가족의 신청서 대리 제출, 순회 접수, 전자 우편도 가능하도록 하였다. 전자우편 신청 때는 투표소에서 국적 확인 서류를 제시하도록 하였다. 개정안은 다소간의 개선책을 담고 있었지만, 재외선거인 신고, 신청 마감일에 임박해 이루어진 탓에 재외국민의 참여 폭을 끌어 올리는 데 한계가 있었다.

3. 19대 국회의 입법 제안

여야 의원들의 발의안

18대 대선을 끝으로 2012년에 실시된 두 차례의 재외선거는 큰 탈 없이 지나갔다. 국회 정치개혁특위는 개선 방안을 논의했지만, 절차상의 문제를 해소하는 데 그쳤다. 재외선거인의 등록 신청과 투표 편의를 위한 개선 방안은 여전한 과제로 남겨 놓았다. 이처럼 한계를 보인 가장 큰 이유는 대한민국의 주권이 미치지 않는 국외에서 처음 실시하는 재외선거였던 만큼, 공정성 확보에 최우선 순위를 부여한 탓도 있다고 본다. 재외선거의 편의성을 높이기 위한 바람직한 제도 개선은 19대 국회의 몫으로 넘겨졌다.

19대 국회 들어서도 의원들의 재외선거법안 개정 노력은 꾸준히 전개되었다. 발의된 개정안은 시대적 흐름을 담고 있거나 지난 국회에서 처리되지 못한 내용을 토대로 한 것들이었다. 19대 국회의 임기를 1년도 안 남겨둔, 2015년 8월의 시점에서 재외선거 관련 개정안의 현주소를 짚어본다.

2012년 6월 7일 새누리당 서병수 의원은 재외선거인 등의 신고, 신청 기간을 선거일 전 150일로부터 선거일 1년 전으로 연장하고, 재외선거인 등록 신청 때 우편 접수를 허용하며, 국적 확인 서류의 원본 제시를 삭제하자는 개정안을 발의한다. 또 직전 선거의 재외선거인 명부 등을 해당 선거의 재외선거인 명부 등으로 사용할 수 있도록 하자는 내용도 포함되었다.

서병수 의원은 제19대 총선 재외선거에서 실제 투표율은 예상 선거인 수 223만 3,193명 대비 2.53%(5만 6,456명)에 불과하였다고 제안 이유를 밝혔다. 또한 국외 부재자 신고 또는 재외선거인 등록 신청을 마친 12만 4,424명의 재외국민 가운데 국외 부재자와 재외선거인의 비율은 각각 83.9%(10만 4,387명)와 16.1%(2만 37명) 정도로, 국외 부재자 신고율에 비해 재외 선거인의 등록 신청률이 특히 저조한 것으로 나타났다고 지적하였다.

서병수 의원은 이처럼 저조한 투표율과 재외선거인 등록 신청률의 원인이 선거에 참여하기까지 많은 불편을 감수해야 하는 점이라고 지적하였다. 현행 공직선거법상 재외선거인이 투표에 참여하기 위해서는 국외 부재자와 달리 공관을 두 번이나 직접 방문해야 한다는 것이었다. 게다가 현행 공직선거법상 국외 부재자 신고 및 재외선거인 등록 신청 기간이 선거일 전 150일부터 선거일 전 60일까지로 제한되어 있어, 선거 참여를 제약하는 요인으로 작용하고 있다고 주장하였다. 따라서 개정안은 재외선거인도 국외 부재자와 마찬가지로 공관을 직접 방문하지 않고 등록이 가능토록 하고, 재외투표소에서 본인임을 확인하는 신분증명서를 재외 선관위원과 투표 참관인에게 제시하는 경우 투표가 가능하도록 하는 내용을 담고 있다.

2012년 6월 25일 민주통합당 김성곤 의원은 인터넷을 이용한 재외선거인 등의 신고, 신청을 허용하고, 국적 확인에 필요한 서류 원본을 투표소에서 확인하자는 내용의 개정안을 발의한다. 김성곤 의원은 또 2013년 4월 5일에는 재외국민등록증을 발급해 여권을 대체하자는 법안을 발의하는 등 2014년 6월까지 모두 5차례에 걸쳐 재외선거 개편안을 발의하였다.

김성곤 의원은 제19대 국회의원 선거에서 낮은 투표율을 보인 이유를 분석한 결과, 재외선거인 등록 신청을 위해 공관까지 직접 방문해야 하는 것이 가장 큰 원인으로 지적되었다고 밝혔다. 특히 미국이나 중국과 같이 공관 관할 지역이 넓은 곳에서는 원거리에 거주하는 재외선거인이 등록 신청과 투표를 위해 두 번이나 공관을 방문하는 것이 현실적으로 어려워 투표를 포기하는 실정이라고 밝혔다. 따라서 재외선거인 등이 인터넷을 통해 간편하게 재외선거 등록 신청을 할 수 있도록 하여 투표 참여율을 제고하려는 것이라고 설명하였다.

2014년 6월 23일 김성곤 의원은 이 법안을 폐기하고 대안을 제시한다. 재외선거인 등이 관할 선관위 인터넷 홈페이지를 통해 국적 및 본인 여부를 확인하는 절차를 거친 후 인터넷 홈페이지에서 1명의 후보자 또는 하나의 정당을 선택하는 방법으로 투표할 수 있도록 하는 내용이 핵심이다. 이 경우 자신의 투표에 한하여 할 수 있도록 하였다. 인터넷 투표를 하려는 재외선거인 등은 전자 파일 형식의 신분증명서를 인터넷 홈페이지를 통해 첨부해야 하고, 본인 여부를 확인할 수 없거나 본인이 아닌 다른 사람의 투표를 하였음이 확인된 인터넷 투표는 무효로 한다. 인터넷 투표의 개표는 선거일 오후 6시가 지난 다음 관할 선관위에서 전자적 방식으로 개표한다.

2013년 4월 5일 김성곤 의원은 여권이 없거나 유효 기간이 만료되어 투표를 못하는 재외국민을 위해 주민등록증을 발급하자는 내용의 개정안을 제출하였고, 2012년 10월 15일에는 교통편이 없거나 불편한 지역에 거주하는 재외선거권자에게 교통 편의를 제공하는 내용의 법안을 제출하였다.

2012년 7월 2일 새누리당 원유철 의원은 재외선기인 등록 신청 때 우편 접수를 허용하고, 국적 확인 서류의 원본 제시 조항을 삭제하는 내용의 개정안을 제출하였다. 개정안은 우편 투표제를 도입하고, 선거인 수나 거주지 분포, 교통 여건 등을 고려해 공관 외 추가 투표소를 설치하는 방안도 포함하였다. 국외 부재자 신고나 재외선거인 등록 신청 때 신청한 방법으로 투표하지 않으면 무효로 한다는 규정도 담겼다.

2012년 7월 24일 무소속 유성엽 의원(이후 민주당으로 복당함)은 재외선거인 등록 신청시 순회 접수와 함께 우편 접수를 허용하고, 국적 확인서류 원본은 투표소에서 확인하며, 재외선거인 등의 신고, 신청자 수가 2만 명을 넘을 경우 공관 외의 추가 투표소 설치를 주요 내용으로 하는 개정안을 제출하였다. 유 의원은 또 현행법상 선거기간 개시일이 후보지 등록 마감일 후 6일부터 선거일까지이고, 재외투표소의 설치·운영 기간이 선거일 전 14일부터 선거일 전 9일까지의 기간중 6일 이내로 되어 있는 것도 문제라고 지적하였다. 19대 국회의원 선거의 경우 재외투표가 공식 선거기간 개시일보다도 하루 일찍 시작되었다. 따라서 후보자의 선거운동이 개시되기도 전에 재외투표가 실시되는 문제가 발생하였다며, 재외투표소의 설치·운영 기간을 지금보다 하루씩 늦춰야 한다고 지적하였다. 유성엽 의원은 2014년 7월 25일 다시 개정안을 제출하였다. 현재의 재외선거는 선거일 전 14일부터 9일까지 기간중 6일 이내에 실시하도록 되어 있는데, 후보자의 선거공보 제출은 후보자 등록 마감일 후 7일까지로 되어 있어, 재외 선거인 등에게는 공약과 정책 등 후보자에 대한 선거정보 제공이 사실상 제대로 이루어지지 않고 있다고 지적하였다.

2014년 3월 26일 새누리당 김학용 의원은 중앙선관위 인터넷 홈페이지를 통해 재외선거 신청을 할 수 있도록 하는 내용의 개정안을 제출하였다. 김학용 의원의 발의안은 국외 부재자 신고 또는 재외선거인 등록 신청 때 인터넷을 이용해 할 수 있도록 하고, 선거일에 투표소에서 본인 여부를 확인할 때 종이 선거인 명부 외에 전산 선거인 명부를 활용할 수 있도록 하는 내용을 담고 있다. 김학용 의원의 개정안이 주목을 끄는 것은 재외선거 관리 정보화 시스템 구축에 따른 비용을 예측해 국회에 제출하였다는 점이다. 김 의원은 중앙선관위가 2013년 6월 5일 국회에 제출한 정치관계법 개정 의견에 포함된 내용을 근거로 예측치를 밝혔다. 김학용 의원은 재외선거인 등의 등록, 신고를 위한 인터넷 시스템 구축에 모두 13억 5500만 원의 추가 재정이 소요될 것으로 예상하였다. 2016년 국회의원 총선거를 대비해 2015년에 인터넷 시스템을 구축하는 것을 전제로 한 액수이다. 구체적으로 보면 인건비와 기술료 등 시스템 구축비용이 10억 4백만 원으로 가장 많고, 자료 연계용 솔루션 2억, X-인터넷 솔루션 1억, 레포트 솔루션 5천만 원 등 소프트웨어 비용이 3억 5,400만원으로 산출되었다.

민주통합당 임수경 의원은 2013년 3월 22일을 비롯해 세 차례에 걸쳐 공직선거법 개정안을 발의하였다. 재외선거인 등의 신고, 신청을 상시화하고 영구명부제를 도입하는 방안, 추가 투표소를 설치하고 파병부대 내에 투표소를 설치하는 방안, 귀국 투표를 보장하는 내용을 담고 있다. 임수경 의원은 같은 해 3월 25일에 또 다른 개정안을 통해 공관에서 원거리에 거주하거나 거동이 불편한 선거인 및 1,500명에 이르는 해외 파병 군인 등을 위해 공관 외의 장소에 추가로 재외투표소를 설치하자고 제안하였다.

임수경 의원은 또 2013년 4월 11일 재외선거인 등의 귀국 투표 보장을 요구하는 개정안을 제출하였다. 재외선거인 등이 투표용지를 가지고 귀국하는 경우에는 부재자 투표소에서 투표를 할 수 있지만, 재외투표소에서 기계징치를 이용해 투표용지를 직접 교부받고도 투표하지 못한 채 귀국하는 경우 투표할 수 없는 문제가 있다는 것이다.

국회 전문위원의 검토 보고

19대 국회의 임기를 1년 남짓 앞두고 국회는 2015년 4월 8일, 제332회 국회 임시회 정치개혁특위 제3차 전체회의를 통해 공직선거법 개정안을 논의하였다. 위에서 살펴본 의원들의 재외선거 관련 개정안도 논의되었다. 이창림 전문위원이 검토한 보고서를 토대로 재외선거의 쟁점 사항에 대한 19대 국회의 입장을 살펴보자.

2012년 10월의 공직선거법 개정으로 우편 접수와 순회 접수가 이미 허용되었으므로 재외선거인 등록 신청 방법의 확대는 실익이 없을 것으로 국회 전문위원은 판단하였다. 인터넷 등록 허용과 관련해 현재도 전자우편을 통해 신고, 신청을 받고 있지만 다소 번거로운 측면이 있다는 점에서, 인터넷 홈페이지를 허용하려는 개정안은 유권자의 편의를 높일 수 있을 것으로 보인다고 밝혔다. 인터넷 홈페이지를 통한 신고, 신청을 허용하는 경우, 재외선거 관리 정보화 시스템을 구축하기 위한 추가 재정 소요가 발생할 것으로 예상하였다.

　　국회 전문위원은 재외선거 투표 방법과 관련해 인터넷 투표를 허용할 경우 재외선거인의 투표 편의를 높일 수 있지만, 비밀 투표 및 직접 투표의 원칙이 지켜지지 않을 가능성이 있는 만큼 보완책이 필요하며, 통신망 등의 보안 시스템 구축과 사회적 신뢰 등이 전제되어야 할 것으로 보인다고 판단하였다.

　　우편 투표제가 도입될 경우 재외국민들의 투표참여 기회가 확대될 수 있을 것으로 보이지만, 대리 투표, 매표 행위 등의 불법 행위가 발생할 가능성을 배제할 수 없다고 전제하였다. 대한민국의 사법권이 미치지 않는 국외에서 실시된다는 특성을 고려할 때, 불법 행위를 직접적으로 단속하거나 수사하는 데 현실적인 한계가 있을 수 있는 만큼, 재외선거의 공정성 확보에 관한 부분도 함께 검토할 필요가 있다고 밝혔다.

　　국회 전문위원은 추가 투표소 설치 역시 투표율을 올릴 수 있는 장점이 있지만, 공관 외 추가 투표소 운영에 따른 인력 소요와 추가 투표소의 대관, 설치, 운영, 보안 유지에 필요한 예산 소요에 대한 검토가 필요하다고 지적하였다. 또 치안이 불안한 지역의 경우 추가 투표소의 치안확보 문제 등에 대한 고려도 필요할 것으로 본다고 판단하였다.

영구명부제 도입에 대해서는 이미 작성된 재외선거인 명부 등의 변동사항을 확인해 시정 조치를 한 후 이를 해당 선거의 재외선거인 명부 등으로 활용하도록 하는 서병수 의원의 개정안과 새로 등록 신청한 재외선거인을 추가하는 임수경 의원의 개정안은 재외 선거인의 등록 신청과 국외 부재자 신고의 편의를 높일 수 있을 것으로 판단하였다.

특히 중앙선거관리위원회가 재외선거인의 등록 신청을 상시 접수할 수 있도록 하고, 작성된 재외선거인 명부는 계속 사용하며, 선거일 전 60일까지 접수한 재외선거인 등록 신청은 그 선거의 재외선거인 명부에, 그 후에 접수한 재외선거인 등록 신청은 다음 선거의 재외선거인 명부에 올리도록 하는 등 재외선거인 명부에 영구명부제를 도입하는 내용의 개정 의견을 2014년 10월 8일 제출한 바 있다고 덧붙였다.

귀국투표 보장과 관련해 국회 전문위원은, 재외선거 투표 용지의 경우 구, 시, 군 선관위에서 투표 용지를 작성하여 재외선거인 등에게 국제 특급우편으로 발송하거나 중앙선관위의 의결이 있는 경우 재외투표소에서 기계장치를 이용하여 투표용지를 작성 교부할 수 있도록 되어 있다고 밝혔다. 전자의 경우 재외선거인 등이 송달받은 투표 용지를 가지고 귀국하였을 때 국내 부재자 투표소에서 투표할 수 있지만, 후자와 같이 재외 투표소에서 투표 용지가 직접 작성 교부되는 경우에는 현행 법상 재외신거인 등이 귀국하였을 때 투표할 수 있는 방법이 없다고 지적하였다. 개정안은 재외 투표소에서 투표 용지가 작성 교부되는 방식으로 재외투표가 이루어지는 경우에도 재외선거인 등이 귀국해 부재자 투표를 할 수 있도록 허용하려는 것인 만큼, 재외국민의 참정권을 최대한 보장한다는 측면에서 타당하다고 전문위원은 판단하였다. 다만, 이중 투표를 방지하기 위해 관할 구, 시, 군 선관위를 통해 재외투표를 하지 않았음을 확인받은 후 국내 투표소에서 투표할 수 있도록 하는 등의 절차적 보완이 필요할 것으로 본다고 밝혔다.

이밖에 재외선거인 등록 신청 기간 및 국외 부재자 신고 기간의 연장과 관련해 국회 전문위원은, 재외선거인 등록 신청 기간 및 국외 부재자 신고 기간이 연장됨으로써 재외국민들에게 등록 및 신고의 편의를 제고하고 투표 참여 기회를 보다 확대할 수 있을 것으로 보이지만, 등록 신청, 신고 기간 연장시 재외 선관위의 설치, 운영 기간 연장 문제도 함께 논의할 필요가 있다고 지적하였다.

재외투표 기간 조정은 재외투표 기간 개시일을 현행보다 하루씩 늦춤으로써 선거운동 기간 개시일과 재외투표 기간 개시일이 일치되도록 하려는 취지로 보인다며 공감을 보이고, 재외투표 기간을 늦추게 될 경우 재외투표의 국내 회송 및 구, 시, 군 선관위로의 송부 절차가 지연될 수 있다는 점 등을 고려할 필요가 있다고 밝혔다.

재외선거 후보자의 정보를 제공하는 것은 중앙선관위가 재외국민에게 선거정보 제공을 강화할 수 있다는 측면에서 긍정적인 것으로 본다고 밝혔다. 다만, 지역구 선거의 경우 지역구 후보자의 정보 자료를 재외 투표소에 비치하는 것은 정보자료 제작에 필요한 예산, 인력 소요 등을 고려해 결정할 필요가 있다고 덧붙였다.

재외 선거관리위원회가 교통 편의를 제공할 수 있도록 하려면 공정성 시비를 차단하기 위해 정당, 후보자와 사전 협의를 거치도록 할 필요가 있다고 밝혔다. 국내선거의 경우 각급 선관위가 교통이 불편한 지역에 거주하는 선거인에게 교통 편의를 제공하기 위해서는 정당, 후보자와 미리 협의하도록 되어 있는 공직선거법 제6조 제2항의 규정이 있다고 전제하였다.(제332회 국회 임시회, 2015년 4월 8일, 정치개혁특위 3차 회의록 3호, 516~35쪽)

4. 재외선거 제도 개선, 쟁점을 넘어

여야의 쟁점과 타결 가능성

17대 국회 이후 여야 의원들이 꾸준히 발의한 공직선거법 개정안과 국회 검토 결과를 보면, 몇 가지 특징적인 요소들이 나타난다. 우편 투표와 인터넷 투표는 여야의 선호가 분명히 달랐다. 여야가 큰 틀에서 수용할 수 있는 항목들이 많다는 점도 눈에 띈다. 시대의 흐름을 반영하듯 국회 검토 과정에서도 약간의 입장 차이가 드러난다. 그 차이와 공감대를 짚어 본다.

첫째, 최대 쟁점은 우편 투표와 인터넷 투표이다. 새누리당은 우편 투표를, 민주당은 인터넷 투표를 지지하는 등 여야의 입장이 극명하게 엇갈린다.

17대 국회로 거슬러 올라가면, 공직선거법 개정안을 통해 인터넷 투표를 제안한 국회의원은 김성곤 의원과 김덕룡 의원이다. 두 의원은 공관 투표, 우편 투표와 함께 인터넷 투표를 투표 방법으로 제안하였다.

유기준, 홍준표, 정성호, 김기현, 권영길 의원 등 다른 의원들은 여야 관계없이 우편 투표와 공관 투표를 거론했을 뿐, 인터넷 투표를 제안하지 않았다.

18대 국회 들어 민주통합당 김영진 의원이 다시 우편 투표와 인터넷 투표 도입을 제안하였다. 그 이후 야당 의원으로서 우편 투표를 제안한 사례는 발견되지 않는다. 반대로 여당 의원들은 18대 국회 들어 2009년 9월 박준선 의원이 우편 투표 도입을 제안한 이래 꾸준히 우편 투표 도입을 요구하였다. 인터넷 투표를 제안한 여당 의원 역시 찾아보기 힘들다.

둘째, 재외선거의 인터넷 등록 허용은 여야가 의견 접근을 보이고 있다. 선관위와 국회 전문위원 검토 결과도 긍정적이다.

재외선거인 등록 신청시의 우편, 인터넷 접수 허용 개정안은 18대 국회에서 2010년 안상수 의원이 낸 발의에 뿌리를 두고 있다. 이어 자유선진당 박선영 의원이 전자 문서(인터넷) 등록을 제안했지만, 임기 만료로 자동 폐기되었다. 19대 국회 들어 2012년 김성곤 의원, 2014년 김학용 의원 등 여야 의원이 관련 법안을 각각 발의하였다. 김학용 의원안은 재외선거인 신고, 신청시 중앙선관위 인터넷 홈페이지를 통해 접수할 수 있도록 하자며 좀더 구체적인 방법을 제시한 점이 눈길을 끈다.

18대 국회 전문위원은 우편, 인터넷 등록시 본인 여부와 복수 국적 확인이 필요하다는 단서를 달아 긍정적인 검토 의견을 제시하였고, 중앙선관위도 여야가 합의하면 도입하겠다는 뜻을 밝혔다. 19대 국회 역시 인터넷 홈페이지를 통해 신고, 신청을 허용하는 개정안은 유권자의 편의를 제고할 수 있을 것이라며 적극적인 지지 의사를 보였다. 중앙선관위 홈페이지를 이용해 인터넷 신고를 할 수 있도록 하는 여당의 안을 야당이 수용할지가 관건이었는데, 2015년 여름 합의에 이르렀다.

셋째, 추가 투표소 설치는 그동안 새누리당은 적극적이고, 민주당은 부정적이었다. 외교부는 부정적이고, 중앙선관위는 적극 지지하였다. 최근 들어 야당 의원들 사이에 설치 필요성이 제기되는 점은 주목할 만하다.

추가 투표소 설치안은 2009년 9월, 18대 국회에서 새누리당 박준선 의원의 발의로 제안되었다. 박준선 의원은 재외 선거인의 수나 분포 등을 고려해 필요한 경우 중앙선관위 규칙으로 추가 투표소를 설치 운영하자는 내용의 법안을 제출하였다. 박준선 의원의 뒤를 이어 안경률, 김충환, 안상수 의원 등 여당 의원들이 이 법안을 연이어 발의한 점이 이채롭다. 하지만 민주당에서 추가 투표소 설치 법안에 관심을 보인 의원은 없었다.

18대 국회 전문위원은 추가 투표소 설치가 투표율 향상이라는 장점이 있지만, 설치 지역과 비설치 지역간의 형평성이 문제라는 의견을 제시하였다. 중앙선관위는 같은 의견을 보이면서도 선거의 편의성 부분을 고려한다면 허용해야 한다는 쪽으로 기울었다. 외교부는 중국 등 여러 국가간의 형평성 문제 등을 고려할 때 현실적으로 어렵다는 입장을 지키고 있다.

18대 국회 정치개혁특위에서도 여야 사이에 시각차가 드러났다. 다만, 19대 국회 들어 야당의 입장에 약간의 변화된 모습이 나타난다. 신경민 의원과 임수경 의원이 각각 추가 투표소 설치를 발의하였다. 두 의원은 재외선거인의 수, 거주지 분포 현황, 교통여건 등을 고려해 추가 투표소를 설치하자고 제안하였다. 유성엽 의원은 등록신청자 수가 2만 명을 넘을 경우 매 2만 명마다 재외투표소를 추가하는 방안을 제시하였다. 달라진 야당의 분위기 속에서 여야간 타협의 여지를 엿볼 수 있다 .

넷째, 재외선거인 교통 편의 제공은 여야가 공감하고 있는 의제이다. 여야 합의에 따라 도입이 가능하다.

교통 편의 제공 개정안은 18대 국회에서 새누리당 조진형 의원이 먼저 발의하였고, 19대 국회에서 김성곤 의원이 다시 발의하였다. 조진형 의원은 재외 선관위가 선거인에게 교통 편의를 제공하는 것을 의무화하고, 종교, 사회 단체는 재외 선관위의 허가를 받아 교통 편의를 제공한다는 내용이었다. 김성곤 의원의 개정안은 교통 편의 제공을 의무화하지는 않았다는 차이점을 보였다. 19대 국회 전문위원은 검토 의견을 통해 공직선거법 제6조 제2항을 원용할 것을 제안하였다. 국내선거와 마찬가지로 재외 선거관리위원회에 의한 교통 편의 제공의 경우에도 공정성 시비를 차단하기 위해 정당, 후보자와 사전 협의를 거치도록 하자는 이야기다. 결국 재외선거인에 대한 교통 편의 제공 여부는 여야간 합의가 선행되어야 한다.

다섯째, 영구명부제는 그동안 찬반 의견이 대립하였지만, 다소간의 입장 변화가 감지된다. 새누리당은 꾸준히 필요성을 제기하였고, 민주당은 유보적이었다. 중앙선관위는 당초 신분 변화를 확인할 장치 마련을 전제로 동의했지만, 최근 들어서는 적극 도입하는 쪽으로 방향을 정하였다.

영구명부제는 새누리당 조진형 의원이 2011년 5월, 18대 국회에서 제안하였고, 석 달 뒤 민주당 김성곤 의원이 관련 개정안을 발의하였다.

18대 국회 전문위원은 복수 국적 취득 등으로 인한 선거권 상실 여부를 파악하기 곤란하다는 점, 국내 선거에 아직 영구명부제가 도입되고 있지 않다는 점을 고려할 필요가 있다고 지적하였다. 중앙선관위는 영구명부제를 실시한다면 반드시 신분 변동을 확인할 수 있는 장치를 마련해야 한다고 강조하였다.

18대 국회 정치개혁특위에서 민주통합당 백원우 의원은 신분 변동을 확인할 수 없다는 점을 문제로 들며, 한국적인 틀 속에서는 아직 도입하기 어렵다는 부정적인 입장을 밝혔다.

19대 국회 들어 분위기는 영구명부제 도입 쪽으로 기울고 있다. 서병수 의원과 임수경 의원이 각각 2012년과 2013년 영구명부제 도입을 발의하였다. 국회 전문위원은 검토 결과를 통해 영구명부제의 도입 필요성에 공감하였다. 중앙선관위도 도입에 찬성하고 있다. 야당의 공식적인 입장이 변수이다.

중앙선거관리위원회의 재외선거 개정 의견

선거를 총괄하고 있는 중앙선관위는 재외선거에 대해 어떤 생각을 하고 있을까? 중앙선관위는 2012년의 재외선거가 편의성보다는 공정성 확보에 중점을 두었다고 평가한 바 있다. 19대 국회 이후에는 재외선거의 편의성이 점진적으로 개선되어야 한다는 인식을 보였다.

2012년 총선과 대선이 끝난 뒤 중앙선관위가 두 차례에 걸쳐 국회에 제출한 정치관계법 개정 의견을 살펴보자. 개정안에는 재외선거 개선을 위한 선관위의 입장이 포함되어 있다. 2013년 5월 2일과 2014년 10월 6일에 각각 제시된 선관위의 의견을 정리해 본다.

2013년 5월 2일 선관위가 제출한 개정 의견은 재외선거의 참여 확대를 위한 편의 증진에 방점을 두고 있다. 영구명부제를 도입해 선거 실시 여부에 관계없이 언제든지 재외선거인 등록 신청을 할 수 있도록 허용하고, 한번 신고하면 재외선거인 명부를 계속 사용하며, 등록사항에 변경이 있는 때에는 변경할 수 있도록 하였다.

재외국민의 신고, 신청시 전자우편에 더해 우편, 인터넷 이용을 허용하고, 첨부 서류를 폐지하도록 하는 내용의 국외 부재자 신고 등의 편의 확대 의견도 함께 제시하였다. 개정 의견은 특히 국외 부재자에게만 허용하던 우편 신고를 재외선거인에게도 허용하고, 등록 신청, 신고시, 첨부 서류로 제시하던 여권이나 국적 확인 서류 사본 조항을 없애는 대신 투표소에서 제시하도록 규정을 바꾸었다.

개정 의견은 또 공관별로 1개씩 설치하고 공관이 비좁을 경우 다른 대체시설을 활용하도록 했던 재외투표소를 파병 부대의 병영에도 설치할 수 있도록 하고, 재외투표소를 추가 설치하는 내용도 담았다. 또 공관이 없거나 재외 선관위가 설치되지 않은 국가에 거주하는 재외국민에게 제한적으로 우편 투표를 허용하는 내용도 포함되었다. 대만과 팔레스타인 등을 염두에 둔 내용이었다.

중앙선관위의 안이 발표된 직후, 새누리당은 환영하는 내용의 성명을 발표해 눈길을 끌었다. 원유철 새누리당 재외국민위원장 명의의 성명이었다. 중앙선관위의 개정 의견은 재외선거인(영주권자) 등록 신청의 상시 허용 및 재외선거인 명부 영구명부제 도입, 우편 등록 및 인터넷을 이용한 등록, 추가 투표소 설치, 귀국 투표 보장, 공관이 없거나 재외 선거관리위원회가 설치되지 않은 국가에 한해 우편 투표를 허용하는 방안 등을 담고 있다면서, 이 같은 개선안이 실현되면 보다 많은 재외 유권자가 모국의 선거에 참여할 수 있을 것으로 기대한다고 밝혔다. 또 재외국민의 참정권 보장이라는 취지를 살린다는 점에서 전폭적으로 환영한다고 덧붙였다. 새누리당은 또한 중앙선관위가 마련한 재외선거 참여 확대를 위한 편의 증진 방안이 조속히 관련 법안에 반영됨으로써, 대한민국의 소중한 자산인 재외 국민들이 불편함 없이 모국의 정치 발전을 위한 참정권을 행사할 수 있도록 야당의 적극적인 동참과 협조를 촉구하였다.(새누리당 재외국민위원회 홈페이지, 2013년 5월 7일)

2014년 10월 6일 중앙선관위는 정치 관계법 개정 의견을 다시 제시하였다. 재외국민의 투표 편의 확대를 위해 국외 부재자 신고 또는 재외선거인 등록 신청을 인터넷으로 할 수 있도록 하고, 신고, 신청시 여권 사본 등 국적 확인 서류를 첨부하는 규정을 삭제하는 내용이었다. 2013년 제출했던 재외선거인 명부 영구명부제 도입, 재외 투표소 추가 설치, 제한적 우편 투표제 도입 등에 관한 내용을 보완해 다시 국회에 제출하였다.

좀더 구체적으로 살펴보자. 신고,신청의 편의 확대를 위해 인터넷을 통한 국외 부재자 신고 및 재외선거인 등록 신청 제도를 도입하고, 우편으로도 재외선거인 등록 신청을 할 수 있도록 하였다. 신고, 신청시 여권 사본 등 국적 확인 서류를 첨부하는 규정을 삭제하고, 재외 투표소의 본인 여부 확인 과정에서 재외선거인의 국적을 확인하도록 하였다.

재외선거인 등록 신청을 상시 할 수 있도록 하고, 작성된 재외선거인 명부는 대통령 선거와 임기가 만료된 비례대표 국회의원 선거에서 계속 사용하며, 선거일 전 60일까지 접수한 재외선거인 등록 신청은 그 선거의 재외선거인 명부에, 그 후에 접수한 재외선거인 등록 신청은 다음 선거의 재외선거인 명부에 올리도록 하였다.

또 재외선거인 명부에 올라 있는 사람 가운데 변경 사유가 발생한 사람은 서면으로 신고하고, 재외선거를 실시할 때마다 선거일 전 49일부터 선거일 전 40일까지 재외선거인 명부를 정비하는 규정을 새로 두었다. 재외선거인 명부에 올라 있는 사람이 2회 이상 재외선거에 참여하지 않으면 명부에서 삭제하고, 그 이후 실시하는 재외선거에 참여하려면 재외선거인 등록 신청을 다시 하도록 규정하였다. 19대 국회의원 선거 및 18대 대통령 선거에서 확정된 재외선거인 명부에 등재된 재외선거인은 직권으로 선거인 명부에 올리는 규정도 담겨 있다.

중앙선관위의 이 같은 개정 의견은 영구명부제를 필수적으로 도입해야 한다는 판단에 따른 것이다. 국민투표법 제14조 제1항이 재외선거인의 국민 투표권을 침해한다는 헌법재판소의 헌법 불합치 결정이 내려진 만큼, 국민투표에서 재외투표를 실시하기 위해서는 영구명부제가 불가피하다는 것이다. 국민투표는 공고일부터 최대 90일 안에 투표를 실시해야 하기 때문에, 지금과 같은 등록 신청제로는 재외 국민투표가 현실적으로 불가능하다고 중앙선관위는 밝혔다.

추가 투표소 설치는 재외 선관위가 관할구역 안의 재외국민 수, 투표소와의 거리 등을 고려해 공관 외의 장소에 추가로 투표소를 설치할 수 있도록 하고, 추가 투표소를 설치할 경우, 대상, 방법, 투표 기간 등은 중앙선관위 규칙으로 정하도록 하였다.

중앙선관위는 또 파병 군인 및 공관이 없거나 재외 선관위가 설치되지 않은 국가에 거주하는 재외선거인 등은 우편 투표를 할 수 있도록 하고, 귀국 투표를 허용하며, 재외선거인의 국적 확인 및 서류를 국가별로 일괄 공고하는 방안도 개정 의견으로 냈다.

헌법재판소, 국민투표법 위헌 결정

중앙선관위가 영구명부제 도입을 개정 의견으로 낸 데는 헌법재판소의 국민투표법 위헌 결정이 한 요인으로 작용하였다. 헌법소원을 낸 것은 다름아닌 재외국민들이었다. 일본과 미국에 거주하는 재외국민 가운데 주민등록이 안되어 있고, 국내 거소 신고도 하지 않은 이들이었다. 재외국민들은 2007년의 재외 선거권 쟁취에 이어 다시 국민투표권 제한에 대해 헌법소원을 냈고, 헌법 불합치 판결을 이끌어낸 것이다.

이들 재외국민들은 헌법소원에서 국민투표법만을 문제 삼은 건 아니었다. 인터넷, 우편 투표를 제한한 법령 등에 대해서도 헌법재판소의 위헌 판단을 구하는 소송을 냈다. 그들 가운데 일부는 '유권자총연합회'라는 사단법인 조직까지 결성하였다. 재외국민들의 목소리가 커지고 있음을 실감할 수 있는 대목이다.

헌법소원 심사 과정을 살펴보면, 재외선거 쟁점 사항에 대한 헌재 재판관들의 판단이 엇갈리고 있음을 알 수 있다. 판결문을 통해 드러난 재판관들의 의견을 정리해 본다. 우리 사회의 다양한 시각을 반영한다는 점에서 다수의견이 아닌 소수의견도 함께 조명해 볼 만한 가치가 있다고 생각한다.

첫째, 국민투표법 제14조 제1항은 재판관 6 대 3의 의견으로 헌법 불합치 결정이 내려졌다. 제14조 제1항은 당초 국민투표 공고일 현재 주민등록이 되어 있거나 재외국민으로서 국내 거소 신고가 되어 있는 투표권자만 투표인 명부에 올리도록 규정하고 있다. 헌재는 "국민투표는 선거와 달리 국민이 직접 국가의 정치에 참여하는 절차인 만큼, 대한민국 국민의 자격이 있는 사람에게 반드시 인정되는 권리로서 추상적 위험 또는 선거 기술상의 사유로 국민투표권을 배제하는 것은 참정권을 박탈한 것"(공직선거법 제218조의 4 제1항 등 위헌 확인, 2009 헌마 256, 2010 헌마 394 병합, 2014년 7월 24일)이라고 판단하였다.

이에 대해 소수의견을 낸 3인의 재판관은 "국민투표는 대한민국의 헌법질서에서 가장 핵심적인 영역에 대해 국민의 의사를 직접 반영하는 절차로, 국내에서 어느 정도 생활했는지 그 밀접성에 따라 투표권의 범위를 제한할 수 있으며, 이는 입법 형성의 재량 범위"라는 의견을 냈다.

둘째, 주민등록이 되어 있지 않고 국내 거소 신고도 하지 않은 영주권자에게 지역구 의원 선거권을 부여하지 않는 것에 대해, 헌재는 지역구 의원 선거에 투표하기 위해서는 해당 지역과의 관련성을 확인하는 것이 합리적이라는 입장을 다수의견으로 채택하였다.

소수 의견은 이들에게서 선거권을 박탈한 것은 보통선거 원칙에 위배된다는 입장을 제시하였다. 국회의원을 해당 선거구에서 선출하기는 하지만, 선거구의 선거인이나 정당의 지령에도 법적으로 구속되지 않는 국민의 대표이기 때문이라는 논지였다.

셋째, 공관에 설치된 재외투표소를 직접 방문하도록 규정한 투표 절차에 대해, 다수 의견은 입법자가 선거의 공정성 확보와 투표 배송 등 기술적인 측면 등을 고려해 공관 투표를 채택한 것이 현저히 불공정하거나 불합리하다고 볼 수 없다고 판단하면서, 인터넷 투표와 우편 투표의 한계와 문제점을 적시하였다.

인터넷 투표가 선거 편의는 높일 수 있을 것으로 보이지만, 공정성 확보에는 많은 문제점이 있다고 다수의견은 지적하였다. 우선 인터넷을 통해 투표권을 행사하는 사람이 본인인지 확인하기 어렵다는 점을 들었다. 해커 등 컴퓨터 전문가가 투표 시스템에 오류를 불러 오거나 결과를 조작할 경우 불법 행위를 적발하기 어렵다는 점도 문제로 삼았다. 불법 선거의 의심이 가도 선거 결과가 전산으로 집계되기 때문에 조작이나 위조 여부를 발견하기 어렵다고 덧붙였다.

우편 투표 역시 편리성이 있지만, 선관위가 관리하는 투표소가 아닌 장소에서 이루어지는 만큼, 분실, 착오, 위조 등의 문제가 발생하거나, 유권자 매수, 협박 등의 선거 범죄에 노출될 가능성이 높다는 점도 들었다. 우편 투표 용지가 위조되거나 절취당할 경우 효과적인 단속이 어렵다는 점, 각국의 우편 송달 서비스의 불확실성, 외국에서만 허용될 경우 국내 투표자와 형평성 등이 제기될 수 있다고 반대의 뜻을 밝혔다.

소수의견은 우편 투표, 전자 투표와 같은 방법을 채택하지 않고 공관 투표만을 채택한 것은 대만 등 공관 미설치 국가의 재외국민, 원거리 거주자, 파병 군인의 선거권을 실질적으로 보장해 주지 못한다고 지적하였다. 우편 투표제를 도입하면 투표 참여의 편의성을 높여 재외국민의 선거권을 실질적으로 보장할 수 있을 것이라는 의견을 제시하였다. 다수의견이 우편 투표에서 부정선거의 위험성을 제기하지만, 국내에서도 후보자의 매표, 매수 행위는 가능하다는 점에 비춰보면, 부정선거의 위험성 유무는 제도의 문제가 아니라 선거인의 의식 수준에 달려 있으며, 처벌 조항도 있는 만큼 위험성은 크지 않다고 주장하였다. 또 영국 등 일부 국가에서처럼 재외선거인 등록 신청시에 비밀번호를 선택하게 하거나, 독일처럼 선거증을 활용하면서 직접 서명을 부기하는 방법도 선거의 공정성을 확보할 수 있다고 덧붙였다.(공직선거법 제218조의 4 제1항 등 위헌 확인, 2009 헌마 256, 2010 헌마 394 병합, 2014년 7월 24일)

재외선거법의 쟁점 사항에 대해 헌법소원 과정의 소수의견까지 살펴본 이유는, 1997년과 2004년 두 차례의 헌법소원 결과가 보여주듯이, 헌재의 결정이 시대적인 흐름을 반영해 바뀔 가능성도 있다는 점을 염두에 둔 것이다.

19대 국회 정치개혁특위 개정안의 현주소

20대 총선을 10개월 앞둔 시점인 2015년 7월에 19대 국회는 정치개혁특위를 열어 재외선거에 관한 몇 가지 합의안을 도출하였다. 중앙선관위 홈페이지를 통해 인터넷으로 국외 부재자 신고 및 재외선거인 등록을 할 수 있도록 재외선거 절차를 보완하고, 재외선거인에게 공관을 경유한 우편 등록 신청을 허용하였다.

또 중앙선관위 의결 없이도 투표 용지 발급기를 이용해 재외투표 용지를 작성 교부할 수 있도록 하고, 귀국 투표도 허용하였다. 국내 거소 신고 조항은 삭제하였다. 재외국민용 주민등록증을 발급하도록 주민등록법이 개정된 데 따른 것이었다. 공관 외의 장소에 재외국민 4만 명마다 재외투표소를 추가로 설치하는 방안도 합의될 것으로 예상된다.

하지만 중앙선관위가 개정 의견을 통해 제시한, 재외선거인의 등록 신청 상시 허용 및 영구명부제 도입, 공관이 없거나 재외 선관위가 설치되지 않은 국가에 한해 우편 투표를 허용하는 등의 개선 방안은 합의점을 찾지 못하였다.

05
남은 이야기들

1. 남은 이야기, 남은 쟁점

재외동포 비례대표제, 해외 선거구

재외동포 사회에는 헌법소원을 통해 참정권을 회복함으로써 국내 선거에 영향을 미치는 데 만족하지 않고, 국내 정치에 자신들의 입장을 직접 반영하기를 원하는 목소리가 있다. 그 방법의 하나로, 재외동포 사회를 대변하는 비례대표 의원이 탄생해야 한다고 주장한다. 특히 2016년 4월 실시될 20대 총선에서 재외동포 비례대표 의원이 나올 것으로 재외동포 사회 일각에서는 기대하고 있다.

새누리당의 경우 재외동포 문제 전문가가 의원직 승계 형식으로 이미 국회에 입성하였다. 당사자는 양창영 의원이다. 양창영 의원은 세계한인상공인총연합회 사무총장과 세계한민족공동재단 상임이사, 재외국민참정권연대 공동대표를 거친 재외동포 전문가이다. 양 의원은 2014년 6월 안종범 의원이 청와대 경제수석비서관으로 임명되면서 새누리당 비례대표 의원직을 승계하였다. 양 의원은 새누리당 재외국민위원회 수석

부위원장 직책을 맡고 있다. 새누리당은 20대 총선에서도 재외동포 비례대표 공천을 적극 검토할 것으로 보인다.

새정치민주연합은 비례대표 공천 대상을 재외동포, 다문화 등으로 확대하는 방안을 추진하고 있다. 19대 총선에서 비례대표 국회의원을 다양하게 배출하지 못하였다는 반성을 토대로, 비례대표 국회의원에 재외동포를 배려하는 방안을 적극 검토하고 있다.

재외동포를 대변하는 비례대표 의원뿐 아니라 해외 선거구를 채택하는 방안도 거론되고 있다. 주로 학계를 중심으로 거론되는 해외 선거구제는 외국의 몇몇 국가에서 실시하고 있다.

해외 선거구를 운영하는 국가는 이탈리아가 대표적이다. 상원 6석, 하원 12석 등 총 18석의 의석을 해외 선거구에서 뽑는다. 지역별을 기준으로 4개 선거구로 구분해 각각 상원과 하원 의석을 1석씩 배정하고, 나머지 의석은 현지에 거주하는 재외국민의 수를 따져 추가한다. 유럽은 상원 2석, 하원 6석, 남미는 상원 2석, 하원 3석, 북중미는 상원 1석, 하원 2석, 나머지 다른 지역은 상·하원 각 1석이다. 이탈리아의 재외선거 투표율은 지난 2008년 총선에서 293만 9,029명의 선거권자 가운데 122만 7,997명이 투표해 41.7%를 기록하였다

1948년 이후 프랑스는 상원 내에 재외국민의 대표를 두고 있다. 모두 12석이 배정되어 있다. 이들은 재외국민에 의해 직접 선출되는 게 아니라, 프랑스 재외국민회 참사위원 가운데서 선출된다. 재외국민회는 재외 프랑스인들을 대표하는 정부기관으로, 52개 재외 선거구 재외국민들의 선거로 선출된 155명의 위원을 두고 있으며, 의장은 외교부장관이 맡고 있다.

참고로 프랑스 재외선거의 투표율은 인상적일 만큼 높다. 2007년 대선의 재외선거 투표율은 선거권자 140만 명 가운데 34만 6,310명이 투표해 선거권자 수 대비 24.7%를 기록했으며, 등록자를 기준으로 하면 42.1%에 이르렀다.(중앙선거관리위원회, 《외국의 재외선거 제도, OECD 회원국을 중심으로》, 27~36쪽)

프랑스와 이탈리아의 예에서 보듯이, 재외국민의 대표권을 보장하거나 해외 선거구를 채택하는 국가의 투표율이 이례적으로 높다. 재외선거의 투표율 제고를 위해서는 우리도 도입을 검토해 봄 직하다. 두 가지 방법 가운데 재외동포 비례대표제에 비해 해외 선거구제는 상당히 적극적인 방식이라고 볼 수 있다. 문제는 2012년 총선과 대선에서 나타난 저조한 재외선거 투표율 등으로 인해 재외투표에 대한 국내의 인식이 부정적인 상황에서, 해외 선거구 같은 적극적인 제도를 조기에 추진할 수 있겠느냐는 점이다. 여러 가지 상황을 고려한다면, 재외동포 비례대표제 같은 현실적인 대안부터 점진적으로 추진하는 게 순리라고 할 수 있을 것이다.

온라인 투표는 요원한가?

2015년 7월 국회 정치개혁특위는 중앙선관위 홈페이지를 통해 인터넷으로도 국외 부재자 신고와 재외선거인 등록 신청을 할 수 있도록 하는 내용의 공직선거법 개정안을 통과시켰다. 정치개혁특위가 인터넷 투표를 허용하지는 않았지만, 인터넷을 통한 신고, 신청을 허용한 것만도 적지 않은 의미가 있다고 본다. 앞서 중앙선관위는 지난 2005년에 19대 총선을 목표로 온라인 투표 도입을 추진하였다가 정치권의 반대로 백지화한 바 있다.

사실 대한민국의 선거 시스템은 국제적으로도 손색이 없을 만큼 능력을 인정받고 있다. 중앙선관위는 전 세계 120여 개국이 참여하는 선거분야 국제기구인 세계선거기관협의회A-WEB, Association of World Election Bodies의 의장국을 맡고 있다. 중앙선관위는 이런 국제적인 평가를 기반으로 지난 4월 아프리카 동부 케냐와 전자선거 시스템 재설계 등 선거위원회 역량 강화를 지원하는 내용의 양해 각서를 체결했다. 선거제도를 수출한 것이다.

또 2005년의 튤립 혁명으로 유명한 중앙아시아 키르기즈 공화국에도 전자선거 시스템 구축 사업을 지원하고 있다. A-WEB 차원에서 중앙선관위가 한국국제협력단KOICA과 함께한 키르기스의 선거 역량 강화 사업에는 스위스 개발 협력청이 7억 원을 지원하는 등 국제적인 공조가 이루어졌다.

이런 국제적 평가에 걸맞게 국내에서도 선거제도는 진화하고 있다. 특히 온라인 투표 서비스는 2013년을 기점으로 우리 사회에 빠르게 확산되고 있다. 중앙선관위와 KT가 함께 개발한 온라인 투표는 아파트 단지의 대표 선거나 학교, 각종 단체의 선거에서 자주 활용되고 있다. 중앙선관위에 온라인 투표 서비스를 신청하면 홈페이지가 열리고, 선거인 명부에 등재된 모든 유권자에게 안내 메시지가 전송된다. 유권자는 선거 홈페이지를 통해 접속한 뒤, 본인 인증을 거쳐 투표하는 방식으로 어렵지 않다.

온라인 선거가 주목받고 있지만 정치권으로 확산하기는 무리라는 지적도 만만찮다. 실제로 2012년 통합진보당의 비례대표 선출 과정이나 2012년 민주통합당의 대선 후보 모바일 경선은 공정성 논란을 불러일으킨 바 있다. 온라인 선거의 부정 행위 가능성이나 비밀 선거의 원칙을 훼손할지 모른다는 의구심이 이 제도의 도입을 지연시키는 주요한 이유이다.

해외의 경우도 공직 선거에 온라인 시스템을 적용한 예는 극히 드물다. 발트해 소국 에스토니아는 2005년 지방선거에 온라인 투표를 도입하였다. 공직 선거에서 온라인 투표를 실시한 세계 최초의 국가이다. 당시 에스토니아 정부는 부정 투표의 위험성이 있다며 인터넷 투표를 거부했지만, 대법원은 비밀 투표의 원칙을 지킬 수 있다며 합헌 판결을 내려 온라인 투표가 이루어졌다.

전체 투표자의 1.9%인 9,317명이 인터넷을 통해 투표하였다. 지난해 유럽 의회 선거에는 에스토니아 전체 투표자의 31.3%인 10만 3,151명이 휴대전화와 PC 등을 사용해 투표한 것으로 나타났다. 에스토니아가 인구 134만 명의 소국이기에 가능한 일이라고 평가하는 이들도 있다.

스위스는 2005년 휴대전화와 PC를 이용해 주민투표를 실시한 바 있다. 네덜란드도 2006년 11월의 하원의원 선거에서 재외국민에게 인터넷 투표를 시험 시행했는데, 이용자 수는 1만 9,815명이었다. 이런 몇몇 예외를 제외하면 영국, 독일 등 대부분의 국가들이 온라인 투표를 정착시키지는 못하였다.(《중앙선데이》, 2015년 1월 25일) 전문가들은 온라인 투표가 몰고 올 획기적인 변화를 주목하고 있지만, 실시 과정의 불안감을 지울 방법이 없다는 점을 문제로 꼽는다.

최근에 국회 정치개혁특위는 재외선거에 인터넷 신고, 신청을 허용함과 동시에, 당원의 입당, 탈당 절차에 아이핀이나 휴대전화 인증 등을 허용함으로써 정당 활동을 활성화하는 정당법 개정안을 의결하였다. 종전에는 공인인증서와 직접 서명을 통해서만 입당 탈낭할 수 있었다는 점에서 이 또한 간과할 수 없는 진전으로 평가된다. 이처럼 온라인 시스템의 도입은 선거뿐 아니라 정당 활동 등 정치 행위 전반에 걸쳐 이제 대세로 자리잡고 있음을 주목해야 할 것 같다.

중앙선거관리위원회와 법무부의 고민

2012년의 재외선거는 큰 탈 없이 넘어간 무난한 선거였다고 평가할 수 있을 것이다. 하지만 과정을 뜯어보면 중앙선관위의 고민이 곳곳에서 묻어난다. 무엇보다 투표율에 대한 고민이 컸던 것으로 보인다. 중앙선관위는 대선이 끝난 뒤 재외국민 투표율이 71.2%로 최종집계되었다고 밝혔다. 22만 2,389명의 등록자 가운데 15만 8,235명이 참여해 71.2%의 투표율을 기록하였다는 것이다. 그러나 이것은 등록자 수 대비 투표율일 뿐이다. 선거권자 수를 기준으로 한 투표율은 7.1%에 불과하다.

중앙선관위가 주요 자료에서 기준으로 삼아 온 투표율이 선거권자 수 대비 투표율이었음을 감안하면, 18대 대선에서 등록자 수 대비 투표율을 강조한 건 다소 이례적이다. 이유는 무엇일까? 일각에서는 재외선거의 투표율이 너무 저조하다는 비판을 희석시키기 위해 통계적 착시를 유도하였다는 지적도 나왔다. 투표율 저조에 뒤따르는 예산 낭비라는 비판, 재외선거 제도의 맹점에 대한 비판을 피하기 위해서라는 뒷말도 나왔다.

선관위는 2012년 10월의 공직선거법 개정이 대선 신고 신청 기간 마감에 임박해 이루어짐으로써 업무수행에 어려움이 많았다고 토로하였다. 재외선거의 특성을 고려해, 안내, 홍보 등에 들어가기 전에 법 개정이 이루어져야 한다는 점을 지적한 것이다. 더불어 재외공관의 담당 영사가 선거철에 인사 이동으로 바뀌는 경우도 있어 혼선을 빚었다는 푸념도 나왔다.

이밖에 재외선거 명부 작성권자가 중앙선관위와 구, 시, 군의 장으로 이원화되어 명부 송수신, 이중 등재 검색에 문제가 있었다며, 명부 작성권자를 일원화할 필요가 있다고 밝혔다. 특히 중앙선관위가 관리하는 재외선거인과 구, 시, 군이 관리하는 국외 부재자 명부 프로그램을 연동하거나 통합 데이터베이스를 구축하는 방안을 마련해야 한다는 점도 지적되었다.

법무부도 재외선거의 선거사범 처벌을 둘러싸고 2010년 한때 상당한 고민에 빠졌다. 특히 재외선거와 관련한 제재 수단이 위헌 소지에 직면할 가능성이 높다는 점을 우려하였다. 백만 원 이상의 과태료를 부과받은 재외국민에게 5년간 참정권 행사를 제한하려던 방안은, 유죄 판결이 아닌 과태료 부과 사범에 대한 선거권 제한으로, 위헌 소지가 있다는 점이 문제가 되었다. 외국 국적인 동포가 법을 위반했을 때 국내 재산 취득 및 투자 제한, 재외동포 지위 제한 등의 규정을 두었지만, 이 또한 위헌 소지가 있다는 점을 법무부는 우려하였다.

또 공직선거법을 위반한 재외국민에게 과태료를 부과하는 제재 수단은 징수가 어렵다는 점 때문에 실효성에 한계가 있을 것으로 예상되었다. 이처럼 재외선거에 대한 제재 규정은 실효성, 위헌 여부 등과 맞물려 입법이 쉽지 않다는 게 법무부의 고민이었다.

재외선거의 예산

중앙선관위는 2012년 재외선거 예산으로 530억 원이 소요될 것으로 판단하였다. 선거권자 대비 40%인 92만 명이 투표에 참여할 것으로 전망한 데 따른 것이었다. 국회는 425억 원을 편성하였다. 실제 사용액은 220억 원으로 51.8%를 집행하였고, 48.2%인 205억 원이 남았다. 19대 총선에서는 213억 원 예산 가운데 44.6%인 95억 원을 사용하였고, 18대 대선에서는 212억 원의 예산 가운데 59%인 125억 원을 집행하였다.

선관위는 재외선거를 처음 실시함에 따라 공관의 선거 관리 기초자료와 재외국민 대상 여론조사를 바탕으로 양대 재외선거에 소요될 예산을 산출해 편성했지만, 재외선거 참여율의 저조와 법 개정 및 관리방안 개선 등으로 예산 대비 실제 집행률이 절반에 불과해 '불용액'이 과다 발생하였다고 밝혔다.

선관위는 또 재외공관의 경비 관리 및 교부 기준 등 선거 경비에 대한 이해가 부족하였을 뿐 아니라, 선거 종료 후 경비 집행 마감 및 정산

일정이 지연되는 사례도 있었다고 밝혔다. 재외선거 경비는 집행 때마다 시스템을 통해 지급 명세서를 출력해 결제를 받은 뒤 지출해야 하는데, 인력 부족 등을 이유로 지출 후 일괄 입력해 재외선거 경비 집행 현황을 파악하기 곤란하였다고 덧붙였다. 재외공관의 경비 처리 방식이 선관위와 달라 문제가 있었다는 주장도 나왔다.(중앙선거관리위원회,《18대 대선 재외선거 평가》, 29쪽)

중앙선관위는 개선 방안으로 2012년 양대 재외선거의 단위 사업별 소요 경비와 공관의 선거 관리 실태 등을 감안해 적정 수준의 예산을 편성함으로써 잔액 발생을 최소화해야 한다고 밝혔다. 또 재외선거 경비의 집행과 정산은 반드시 정해진 기준과 시한을 준수하고, 공관에서 예산을 집행할 때마다 지출 내역을 입력하면 재외선거 관리 시스템을 이용해 집행 현황을 파악할 수 있도록 시스템을 개선할 필요가 있다고 지적하였다.

예산을 적재적소에 적정하게 집행하는 데 반대할 사람은 없다. 다만 예산안이 가지고 있는 또 다른 측면을 간과해서는 안된다. 예산을 줄이는 게 능사가 아니다. 예산안을 대책 없이 줄인다면, 두 차례 선거를 통해 과제로 떠오른 재외선거의 제도적 문제점을 개선할 방도를 찾기 어렵게 될 것이다. 별도의 예산을 확보해서라도 재외선거 개선 방향을 연구하는 게 필요함에도 불구하고, 이런 부분에 대한 진지한 고민 없이 예산안 규모를 축소하는 데만 치중하는 것은 바람직하지 않다고 본다.

실제로 중앙선관위는 재외선거가 끝난 뒤 재외선거의 투표율이 저조해 예산 낭비라는 비판의 목소리가 등장하자, 예산 문제에 민감한 입장을 보였다. 하지만 재외선거 예산 문제는 선거제도의 개선과 맞물려 있기 때문에 더욱 주목을 끌고 있다는 점을 간과해서는 안된다.

중앙선관위가 2016년 4월 치러질 20대 국회의원 총선거 예산으로 얼마를 편성했을까? 2014년 말 편성된 2015년 재외선거의 예산은 82억 8,400만 원인 것으로 알려져 있다. 이는 2011년의 133억 2,500만 원에 비해 50억 4,100만 원이 줄어든 금액이다. 일각에서는 이를 두고 재외선거의 제도 개선을 염두에 둔 예산안은 아닌 것 같다는 분석을 내놓았다.

예산안을 과다 편성하는 것은 문제이지만, 재외선거 개선을 위한 비용은 필요시 언제든지 집행할 수 있도록 방안을 마련해야 할 것이다.

2. 일본이 주는 교훈

우편 투표율의 부침

일본의 재외선거 제도는 우리와 유사한 점이 많아 종종 비교 대상이 되곤 한다. 일본의 재외선거를 분석한 연구 자료를 토대로 우리가 배울 점은 없을까 짚어 본다. 최근 국내 정치권에서 활발하게 논의되고 있는 우편 투표에 대해 살펴보자. 일본의 재외국민은 공관 투표와 우편 투표, 귀국 투표 가운데 선택할 수 있는데, 우편 투표의 비중이 갈수록 줄고 있어 눈길을 끈다. 지난 10년간 일본 재외국민의 투표 방법을 보면 공관 투표의 비중은 늘고, 우편 투표의 비중은 줄고 있음을 알 수 있다.

외국의 재외선거 제도 자료를 보면 2000년 일본 중의원 선거 당시 공관 투표율은 전체 투표자 1만 7,013명 가운데 9,850명이 투표해 57.9%를 기록하였다. 우편 투표율은 6,324명이 투표해 37.2%, 귀국 투표율은 839명이 투표해 5.2%를 각각 기록하였다.

2001년 참의원 선거는 우편 투표의 비중이 최고조에 달하였다. 2

만 2,054명의 투표자 가운데 47.9%인 1만 554명이 공관 투표를 했으며, 46.8%인 1만 312명은 우편 투표를 하였다. 하지만 2003년 중의원 선거에서는 공관 투표가 60.4%까지 올라갔고, 우편 투표는 35.2%로 다시 낮아졌다. 이후 공관 투표 선호 현상은 바뀌지 않고 있다. 2010년 참의원 선거에서는 공관 투표가 87.4%였다. 우편 투표는 귀국 투표와 합산해도 12.6%에 불과하다.

표22 　　　　　　 일본 재외선거의 투표방법별 투표자 수 　　　　(단위 : 명)

선 거 일	선거종류	등록자 수	투 표 자 수			
			계	공관 투표	우편 투표	귀국 투표
2000.6.25	중의원선거	58,530	17,013	9,850	6,324	839
2001.7.29	참의원선거	73,651	22,054	10,554	10,312	1,188
2003.11.9	중의원선거	73,740	11,749	7,094	4,135	520
2004.7.11	참의원선거	80,885	20,640	15,965	3,506	1,169
2005.9.11	중의원선거	82,744	21,366	18,285	2,296	785
2007.7.29	참의원선거	102,551	24,187	19,996	2,437	1,754
2009.8.30	중의원선거	107,919	28,849	24,325	4,524	
2010.7.11	참의원선거	113,230	27,600	24,119	3,481	

* 중앙선거관리위원회, 《외국의 재외선거 제도―OECD 회원국을 중심으로》, 11쪽.

　　우편 투표가 예상 외로 저조한 것은 일본 재외선거 제도에서 원인을 찾을 수 있다. 일본 재외국민이 우편 투표를 하려면 선거일 4일 전까지 등록지의 시, 정, 촌 선관위에 투표용지 청구서 및 재외선거인증을 동봉해 투표 용지 교부를 신청해야 한다. 이런 절차를 거쳐 투표 용지를 받은 다음 투표 후 다시 시, 정, 촌 선관위에 우송해야 한다. 우편 투표의 회송 비용은 해당 재외선거인이 직접 내야 한다. 투표가 정해진 기일 안에 투표소에 도달해 유효표가 되었는지 여부를 본인이 확인할 길이 없다는 점도 우편 투표를 기피하는 요인으로 꼽힌다.

일본의 우편 투표 상황은 우리에게도 시사하는 바가 크다. 우편 투표 도입 자체가 관건이 아니라 그 제도를 어떻게 운용할지가 투표율을 올리는 데 더욱 중요한 요소라는 점을 알 수 있다. 참고로 일본은 기존의 공관 투표에 이어 2000년 5월 투표소에서 원거리에 사는 재외국민 등에게 제한적으로 우편 투표를 허용하였다. 2004년에는 재외공관 투표와 우편 투표를 선택할 수 있도록 하였다.

부처간의 역할 분담

이번에는 부처간 업무 혼선과 의견 차이를 극복하기 위한 제안이다. 일본의 재외선거 업무는 총무성과 외무성이 담당한다. 총무성은 재외선거와 관련한 업무를 총괄하고, 외무성은 일본의 외교 담당부서인 만큼, 재외국민 및 교민보호 차원에서 재외선거 업무를 맡는다.

재외선거의 홍보는 일본 국내에서는 총무성, 해외 지역에서는 외무성이 담당한다. 외무성은 선거 기간중의 공관 투표에 어려움을 호소한다. 선거 기간중에는 기존의 영사 업무와 투표 업무가 겹쳐 과부하가 걸린다는 것이다. 투표 준비 기간이 짧은 점과 투표 공간을 확보하는 문제도 큰 고민거리라고 밝혔다. 유권자가 일본어를 모르거나 후보자에 대한 정보가 없는 경우도 있어 부담이 크다고 한다.

우리 외교부의 입장과 크게 달라 보이지 않는다. 먼저 중앙선관위와 외교부, 지자체의 명확한 업무 구분과 협조 체계 구축으로 극복해 나갈 일이다. 해외에서 선거 업무에 투입할 인력 부족 문제를 극복하기 위해 현지 한인 단체를 활용하는 방안도 검토할 필요가 있다. 공정성만 보장할 수 있다면, 한인 단체나 한인 언론, 현지 진출 한국 기업, 코트라, 유학생회, 도민회 등에서 필요한 인원을 충원할 수 있을 것이다.

더불어 우리 외교부가 현지 국가와의 외교 마찰이 우려된다는 이유 등으로 난색을 표명한 추가 순회 투표소 설치 문제도 노력 여하에 따라서는 해법을 찾을 수 있다. 일본의 브라질 상파울루 사례는 실마리를 제공한다. 브라질 상파울루의 일본 재외 유권자 수는 1만 2,700명 수준으로 공관에서 감당하기 어려운 숫자이다. 상파울루 내 일본 재외국민들은 투표소로 사용되는 총영사관 내부가 협소하고 보안 확인에 너무 많은 시간이 소요된다는 불만을 집중 제기하였고, 일본 정부는 브라질 정부와 협의해 해법을 찾았다. 양국 정부가 양해각서를 체결하고 공관 밖에서 투표할 수 있도록 하는 방식이었다. 공관 외 투표소는 외부 건물을 임대해 사용하였고, 임대비용은 1일 6백 달러 정도였다. 우리 외교부도 이처럼 해당 국가의 양해 아래, 공관 외 투표소 설치를 추진할 수 있을 것이다.

재외선거 정당 활동

일본의 정당은 재외선거 운동은 어떻게 하고 있을까? 일본은 정치구조와 선거제도의 특성상 재외선거의 영향력은 극히 제한적이다. 이런 탓인지 재외선거 참여율도 높지 않다. 2010년 참의원 선거를 기준으로 113만 1,807명의 재외국민 가운데 추정 유권자 수는 84만 8,855명이다. 명부 등록자 수는 11만 3,230명이며, 투표자는 2만 7,600명이다. 유권자 수 대비 3.2%, 등록자 수 대비 24.3%의 투표 참여율이다.

정치권은 그래도 재외투표의 가치를 외면하지 않는다. 자민당의 경우 당내 조직국 안에 재외선거 센터를 설치해 두고, 해외 유권자를 당원으로 입당시키고 있으며, 인터넷 선거운동 허용을 추진하고 있다. 해외 유권자 중에서 참의원 비례대표 후보자를 옹립하고, 로스앤젤레스 지역처럼 상대적으로 취약한 지역의 지지 기반 확대를 위해 노력하였다. 또 수시 등록과 순회 등록 제도를 도입하고, 투표할 수 있는 공관의 수와 우편 투표의 확대를 추진하였다. 우편 투표의 대리 투표를 막기 위해 서명을 데이터베이스화하는 방안도 검토하고 있다.

야당인 민주당은 국제국 내에서 재외선거 운동을 담당하며, 해외 각지 일본 언론을 통해 선거 정보를 제공한다. 미국의 로스앤젤레스 지역은 주로 민주당 지지 기반으로 평가된다. 민주당은 정당 해외지부를 설치하는 문제를 검토하였지만, 정당법의 제한에 따라 포기하였다. 민주당의 한 후보자는 2005년의 비례대표 투표를 의식해 뉴욕에서 선거운동을 시작하였다. 민주당은 투표 기간 연장과 등록절차 간소화뿐 아니라, 팩스 투표와 인터넷 투표 도입을 검토하고 있다.(중앙선거관리위원회, 《일본의 재외선거 제도에 관한 연구》, 61~74쪽, 2009년 12월)

글을 맺으며

　지금까지 2012년 두 차례 실시한 재외선거의 결과를 분석해 보고, 재외선거 방식의 현주소와 국회 논의 과정, 그리고 개선 방향 등을 짚어 보았다. 글머리에서 제기한 몇 가지 논점에 대해 근거가 될 만한 사실들을 중간 중간에 소개하였다.

　이제는 결론을 제시할 때이다. 논리적으로 충분히 입증되었다고 볼 수는 없을지 모르지만, 쟁점에 접근하는 한 저널리스트의 시각을 담고 있다는 점에서 의미가 있다고 본다. 재외선거 제도 개선안과 두 차례 재외선거의 결과를 분석해 얻은 결론을 정리한다.

　재외선거 제도 개선안 가운데 투표 방식에 대해 여야의 입장은 다르다. 새누리당은 우편 투표를 선호하고, 인터넷 투표에 관심이 없다. 새누리당은 지역적으로는 로스앤젤레스 등 미국과 일본 동포 사회, 신분상으로는 재외선거인의 투표율 향상에 특히 관심이 많다.

　새정치민주연합은 우편 투표에 부정적이고, 인터넷 투표를 선호한다. 다만 인터넷 투표를 시기적으로 서두르지는 않는다. 지역적으로는 중국, 신분상으로는 국외 부재자의 투표율 향상에 관심이 높다.

추가 순회 투표소 설치에 대해 새누리당은 적극적이고, 새정치민주연합은 다소 부정적이지만 중국과 다른 지역과의 형평성을 이룰 수 있다면 수용한다는 입장이다.

중앙선관위는 우편 투표제 도입을 반대하지 않는다. 파병 군인 등에 대해서는 우편 투표를 먼저 도입해야 한다는 입장이다. 여야가 합의한다면 인터넷 투표도 할 수 있다. 추가 순회 투표소 설치를 지지한다.

외교부는 추가 순회 투표소에 대해 부정적이다. 특히 중국의 경우 공관 밖 투표를 허용하지 않아 다른 지역과의 형평성 논란이 일 수 있다는 문제점을 제기한다. 외교부는 대안으로 우편 투표를 적극 지지한다.

새누리당과 중앙선관위는 영구명부제 도입을 적극 추진하고 있다. 새정치민주연합은 큰 틀에서는 찬성하지만, 신분 변동시의 대안 마련이 필요하다는 이유로 유보적인 입장이다.

재외선거인 교통 편의 제공에 대해서는 여야, 중앙선관위가 모두 필요성에 공감하고 있다.

이번에는 두 차례 재외선거의 결과를 종합해, 투표 성향 등을 정리해 보자.

재외국민들은, 국내 유권자에 비해 야당 지지 성향이 강한 것으로 조사되었다. 재외국민 중에서도 지역구 의원 선거를 할 수 있는 국외 부재자들은, 재외선거인에 비해 야당 지지 성향이 더 강한 것으로 나타났다. 바꿔 말하면, 재외선거인의 경우 국외 부재자에 비해 상대적으로 여당 지지 성향이 더 높다고도 이야기할 수 있다. 서울, 경기, 인천 등 수도권 출신 재외국민들은 국내 같은 지역의 유권자에 비해 야당 지지 성향이 더 강하다는 점도 드러났다. 재외선거의 야당 우세 현상은 국외 부재자가 재외선거인에 비해 수가 많고, 이들 국외 부재자들이 보다 적극적으로 투표에 참여했기 때문일 가능성이 크다.

재외국민의 투표 성향은 국내 거주자의 표심과 항상 일치하지는 않는다. 다만 출신 지역별 지역주의 투표 현상은 다소 약화된 상태로 남아 있다. 호남에 비해 영남의 지역주의 투표 현상이 다소 약하다. 대전과 충남의 지역주의 현상도 나타났다. 총선에서 대구 경북의 일부 지역구에서는 야당 후보가 1위를 차지한 곳도 있으며, 대전과 충남 총선에서 자유선진당 지지가 도드라진 점이 이를 입증한다.

재외국민의 연령과 표심의 관계는 단정적으로 이야기하기 어렵다. 다만, 재외국민 가운데 투표에 참여한 이들의 연령 분포와 결과를 분석해 보면 '30대 이하 야당 지지, 50대 이상 여당 지지'라는 국내 선거의 세대별 투표 양상이 재외투표에서도 나타났을 가능성을 엿볼 수 있다.

특히 주목할 만한 것은 제주도 대선 재외선거인의 투표 결과와 연령별 분포이다. 대선에 참여하겠다며 접수한 제주 출신 재외선거인 5,072명 가운데 30대 이하는 1,609명, 40대는 722명이며, 50대 이상은 2,741명이다. 여타 지역과 달리 제주도는 장년층이 유달리 많고, 재외투표 결과 박근혜 후보를 압도적으로 지지한 것으로 나타났다. 박근혜 후보 지지가 57.4%로, 문재인 후보 지지 41.7%와 15% 이상의 차이를 보였다. 제주도민 전체의 투표 결과에서는 50.5% 대 49.0%로 박근혜 후보가 근소한 차이로 앞섰다. 참고로 제주도 출신 재외국민의 특징은

50대 이상이 많고, 재외선거인이 국외 부재자에 비해 두 배 가까이 많다는 점이다.

전체적으로 보면 19대 총선에서 재외선거를 신청 또는 신고한 재외국민은 30대 이하가 47.2%, 40대가 28.6%, 50대 이상이 24.2%를 차지하였고, 비례대표 재외선거 결과는 새누리당 40.4%, 민주통합당은 35.2%, 통합진보당은 14.5%로 나타났다. 야권 연대를 감안하면 야권이 9%를 앞섰고, 젊은 층의 표가 야당 쪽으로 흘렀음을 추측해 볼 수 있다.

18대 대선에서도 접수를 마친 재외국민 가운데 20, 30대가 50.6%로 과반을 차지했던 점이 재외투표에서 야당 후보 우세로 나타났을 가능성이 크다. 30대 이하와 50대 이상의 인구가 비슷한 국내 사정과는 다른 연령 분포가, 국내 선거와 재외선거의 결과 차이로 나타났을 공산이 크다는 이야기이다.

이상과 같은 결론은 재외선거 결과를 분석해 추출한 것이다. 투표를 한 재외국민 자체가 많지 않고, 단 두 차례의 선거 결과를 취합해 재외국민의 투표 성향을 정확하게 분석하는 것은 무리라는 반론이 있을 수 있다.

다만 이런 식으로라도 접근하지 않으면, 재외국민의 투표 성향은 당분간 분석 자체가 불가능할 것이라는 생각에서 무모함을 무릅쓰고 분석을 시도하였음을 밝힌다. 후속 연구들이 오류를 바로잡아 줄 것으로 믿는다.

저술 과정에서 아쉬웠던 것은 정치권의 재외선거 논의가 여전히 편의성보다는 공정성 확보에 급급하고 있다는 점이었다. 사실 19대 국회 정치개혁특위는 헌법재판소의 결정에 따라 당장 발등의 불로 떨어진 선거구 획정 문제조차 마감 시한까지 해법을 마련하지 못하고 있다. 여야는 오픈 프라이머리와 권역별 비례대표 도입 등을 놓고 자신들의 주장만 되풀이하고 있다.

이런 판국에 정치권에서 재외선거 개선안을 마련해 줄 것을 기대하기는 무리라는 생각도 든다. 임기를 10개월도 남겨두지 않은 19대 국회는, 18대 국회의 전철을 밟아, 지금까지 발의된 재외선거 개정안들을 시한 만료에 따라 폐기 처분할 것이다. 여야의 입장이 변하지 않는 한, 20대 국회에서도 재외선거 제도가 개선될 공산은 크지 않다.

더욱이 국내에 적용되는 선거법과는 달리 재외선거 법안의 관계자는 전 세계에 산재해 있다. 그러한 탓에 무관심 속에 방치되고 있다고 해도 과언이 아니다. 국회의원들이 그만큼 시급해 하거나 절실함을 느낄 사안이 아닌 것이다.

미국의 한 한인회장은 "지난 총선과 대선 이후 여야가 한목소리로 재외국민 선거제도를 개선해야 한다고 외쳤지만, 결국 달라진 것이 없다"며, "국내처럼 쉽게 선거에 참여하도록 개선하지 않는 것은 재외국민을 홀대하는 처사"라고 비판하였다.

이구홍 교포문제연구소 소장은 "현행 선거제도는 두루미한테 접시에 있는 물을 마시라는 격"이라며 "재외국민을 선거의 들러리처럼 무시하면 결국 표로 심판받게 될 수 있다"고 지적하였다.

재외한인학회 회장인 이진영 인하대 교수는 "각 당이 손익을 계산해 선거제도 개선안을 내놓았지만, 사전 연구가 충분하지 않았기에 확신이 없는 상황"이라며, "발의한 법안이 통과되지 않는 것은 양당 모두 재외국민의 선거 영향력이 커지는 것을 반기지 않기 때문"이라고 분석

하였다.(《연합뉴스》, 2015년 4월 17일 기사 〈재외선거법 개정안의 현주소〉)

이런 방식으로 재외선거 제도 개선안을 다루는 것을 언제까지 방치할 수는 없다. 차라리 재외선거 제도 개선을 전담할 수 있는 전문가들로 원탁회의를 구성해 논의를 맡기는 게 낫지 않을까 하는 생각도 해본다. 정치권의 당리당략적 접근을 배제하고, 재외선거의 공정성과 편의성을 높일 수 있는 방안이 될 수 있을 것이다.

사실 지난 두 차례의 재외선거는 저조한 참여율로 예산 낭비라는 비판에 직면하였다. 여기까지 이르게 된 데는 공정성에 치중한 나머지 재외국민들의 편의성을 무시한 제도를 만든 당사자들에게도 적지 않은 책임이 있다. 투표를 하기 위해 서울과 부산보다 4배 이상 먼 2천 킬로미터가 넘는 공관을 두 차례씩 왕복하라는 건 지나치게 권위주의적이라는 주장도 틀리지 않다.

재외국민의 투표율을 끌어올리기 위해 선거 제도의 개선과 함께 유인책도 고려해 볼 수 있을 것이다. 그 방법의 하나로 재외국민의 대표성을 강화하는 일이 필요하다. 재외국민을 비례대표 의원으로 영입하는 방법도 있고, 권역별로 묶어 해외 투표구를 도입하는 방안도 검토해 볼 수 있을 것이다. 이탈리아, 프랑스 등은 해외 투표제를 도입해 재외선거의 투표율을 극적으로 끌어 올렸다.

최근 재외국민들은 조직적이고 직접적으로 재외선거 개선을 위해 나서고 있다. 지난해의 국민투표권을 얻기 위한 헌법소원은 그런 움직임의 일환이었다. 그렇다고 재외국민들의 요구를 무한정 들어줄 수는 없는 일이다.

중앙선관위가 영구명부제 도입을 지지하면서 제안했듯이, 투표에 두 번 이상 불참하면 불이익을 주는 방법도 고려해 봐야 한다. 권리 위에 잠자는 재외국민까지 관리해야 할 책임을 모국이 짊어져야 할 이유가 없다고 본다. 해외의 사례에서도 그런 예를 찾아볼 수 있다. 벨기에 등 일부 유럽 국가에서는 실천 가능성을 차치하고라도 투표 불참시 벌금을 부과하는 제도를 두기도 한다.

"대표권 없이 과세도 없다." 미국이 영국의 식민지에서 벗어나는 계기가 되었던 보스턴 티파티 당시의 구호이다. 재외국민 중에는 국내에 세금을 내지 않는 선거권자도 있다. 세금 납부 여부로 선거권을 박탈하는 것이 보통 선거의 원칙에 위배된다고 해서, 제약 없는 무한대의 자유를 재외국민에게 주고 세금을 낭비하는 것 또한 묵과할 수 있는 일은 아니다. 이는 국내 유권자들의 정서에 반하는 일이다. 형평과 운영의 묘를 살리는 재외선거 개선안은 없을까?

글로벌 시대의 재외국민과 국내에 있는 우리 모두가 방관하지 말고 지혜를 모아야 할 때이다.

부록

참고문헌

이내영 · 서현진 공편, 《변화하는 한국 유권자 5》, EAI, 2013.

이현출 외, 한국정당학회, 《19대 총선 현장 리포트》, 푸른길, 2012.

중앙선거관리위원회, 《2012년 양대 재외선거 백서》.

중앙선거관리위원회, 《제18대 대통령 선거 총람》, 2012.

중앙선거관리위원회, 《제19대 국회의원 선거 총람》, 2012.

중앙선거관리위원회(정책연구과제), 진창수, 이면우, 이진원, 《일본의 재외 선거 제도에 관한 연구》, 2009.

중앙선거관리위원회, 《외국의 재외선거 제도-OECD 회원국을 중심으로》, 2009.

중앙선거관리위원회, 《재외선거 주요업무 개관》, 2010.

중앙선거관리위원회(정책연구과제), 성낙인, 《재외선거의 공정성 확보방안에 관한 연구》, 2008.

중앙선거관리위원회, 《제18대 대통령 선거 재외 유권자 의식조사》, 2013.

중앙선거관리위원회, 《제18대 대통령 재외선거 평가》, 2013.

중앙선거관리위원회, 《제19대 국회의원 재외선거 평가》, 2012.

중앙선거관리위원회, 《제19대 국회의원 선거 재외 유권자 의식조사 2차》, 2012.

중앙선거관리위원회, 《재외선거 법규 자료집》, 2010.

외교부, 《2011 재외동포 현황》.

외교부, 《2013 재외동포 현황》.

헌법재판소 결정문, 97헌마 253, 1999년 1월 28일.

헌법재판소 결정문, 97헌마 99, 1999년 3월 25일.

헌법재판소 결정문, 2004헌마 644 ,2005헌마 360 병합, 2007년 6월 28일.

헌법재판소 결정문, 〈공직선거법 제218조의 4 제1항 등 위헌 확인〉, 2014.

국회 행정안전위원회, 《공직선거법 일부 개정법률안 검토 보고서》, 2010.

국회공직선거법 개정안 〈18대 국회 제281회〉, 2009.

국회 공직선거법 심사소위원회, 《제303회 정치개혁특별위원회 제7차 회의록》, 2011.

국회 정치개혁특별위원회, 《제332회 정치개혁특별위원회 3차 회의록》, 2015.

한국재외국민선거연구소, 《한국재외선거 무엇이 문제인가: 18대 대선을 중심으로》(세미나 자료), 2013.

18대 대통령 선거에 있어 주중 재외국민의 정치인식 및 투표행태(박범종).

제18대 대선에 대한 LA지역 재외국민 여론조사 결과 분석(강성훈).

제18대 대선 재외선거 비교분석(강경태, 고선규).

한국정치학회(중앙선거관리위원회 연구용역보고서), 이소영, 조희정, 서복경, 《인터넷을 활용한 재외선거인 등 신고, 신청방법 도입에 관한 연구》, 2013.

새누리당 재외국민위원회, 《제18대 대통령 선거백서-준비된 여성 대통령 박근혜》.

김성곤 의원실 주최 토론회, 《제18대 대통령 재외선거 평가와 과제》, 2013.

김성곤 의원실, 《제19대 총선 재외국민선거 결과와 그 의의》, 2012.

국회입법조사처, 김종갑, 이창호, 이현출, 《재외국민선거 모의투표를 통해 본 제도개선 방안》, 2011.

새누리당 재외국민위원회 홈페이지

http://www.saenuriparty.kr/abroad

민주통신 세계한인민주회의 홈페이지

http://www.okminjoo.com/

중앙선거관리위원회 재외선거 홈페이지

http://www.nec.go.kr/

외교부 홈페이지 www.mfa.go.kr

국회 홈페이지 www.assembly.go.kr

헌법재판소 홈페이지 www.ccourt.go.kr

《연합뉴스》, 2015년 4월 17일.

《조선일보》, 2014년 5월 16일.

《월간조선》, 2015년 1월호.

《경향신문》, 1967년 4월 26일.

《동아일보》, 1967년 4월 29일.

《한국일보》, 2012년 4월 12일.

《중앙선데이》, 2015년 1월 25일.

설문조사

안녕하십니까? 저는 MBC 문화방송에서 정치 담당 논설위원으로 근무하고 있는 송기원 기자입니다. 매일 오후 라디오 뉴스 프로그램 '두 시의 취재현장'을 진행하고 있습니다. 중앙선거관리위원회 산하 중앙 선거방송토론위원회 위원으로 회의에 참석하고도 있습니다.

2012년 4월 국회의원 선거를 시작으로 재외선거가 실시된 지 벌써 2년이 지났습니다. 해외에 계신 많은 분들이 두 차례 재외선거에 참여해 주셨지만 투표율은 기대에 미치지 못했습니다. 일각에서는 예산 낭비라는 지적도 나왔습니다. 재외선거 관련 기록들을 정리하고 분석해 보완점을 찾지 않으면 재외국민들의 참정권을 둘러싼 편견이나 논란은 더욱 가열될 것이란 생각도 듭니다. 이에 재외선거와 관련한 저술을 하고자 합니다. 지난 두 차례 재외선거를 통해 느끼신 내용을 가감 없이 보내주시면 충실히 담아내겠습니다.

1) 재외선거 제도가 도입된 것에 대해 어떻게 생각하십니까?

   ① 바람직하다.

   ② 큰 의미가 없다

   ③ 잘 모르겠다

2) 다음 재외선거에 참여하실 의향이 있으십니까?

   ① 절대 참여하지 않을 것이다

   ② 참여하지 않을 계획이다

   ③ 가능하면 참어하고사 한다

   ④ 반드시 참여할 것이다

3) 재외선거 제도와 관련한 내용을 (선거권자, 투표 대상, 투표 방법 등) 어느 정도 알고 계십니까?

   ① 전혀 모른다

   ② 잘 모르는 편이다

   ③ 잘 아는 편이다

   ④ 매우 잘 안다

4) 재외국민의 투표 참여율을 높이기 위해 구체적으로 어떤 방안이 필요하다고 생각하십니까?

5) 재외국민 선거는 공관 투표를 원칙으로 하고 필요한 경우 대체시설에서 임시 투표소를 설치하도록 하고 있습니다. 어떤 방식의 투표 방법이 적절하다고 생각하십니까? (복수 선택 가능)

① 공관 투표(또는 임시 투표소 투표)
② 우편 투표
③ 대리 투표
④ 팩스 투표
⑤ 인터넷 투표
⑥ 기타

6) 재외국민 중 영주권자에게는 국회의원 지역구 선거가 허용되지 않습니다. 이 점에 대해 어떻게 생각하십니까?

① 허용되어야 한다
② 허용될 필요가 없다
③ 잘 모르겠다

7) 영주권자의 국회의원 지역구 선거 허용 또는 허용 불필요의 이유는 무엇입니까? (질문 6에서 1 또는 2를 응답한 경우)

8) 재외선거가 동포 사회에 어떤 영향을 미친다고 생각하십니까?

9) 재외선거가 동포 사회의 분열과 반목을 조장할 수 있다는 우려가 있는데 어떻게 생각하십니까?

① 전혀 그렇지 않을 것이다

② 별로 그렇지 않을 것이다

③ 약간 그럴 것이다

④ 매우 그럴 것이다

10) 재외선거로 인한 동포 사회의 분열 방지를 위해 어떠한 방안이 필요하다고 생각하십니까?

11) 재외선거와 관련해 공명선거(불법 및 탈법선거 방지)에 대한 우려가 제기되는 것에 대해 어떻게 생각하십니까?

① 전혀 그렇지 않을 것이다

② 별로 그렇지 않을 것이다

③ 대체로 그럴 것이다

④ 반드시 그럴 것이다

12) 재외선거 과정에서 불법과 부정이 나타나는 것을 차단하기 위해 어떤 방안이 필요하다고 생각하십니까?

13) 재외선거에 관한 홍보 활동에 어떠한 문제점이 있다고 생각하십니까?

14) 재외선거가 전체 선거 결과에 어떠한 영향을 미친다고 생각하십니까?

15) 위의 내용 이외에 재외선거 제도와 관련해 어떠한 문제점이 있다고 생각하십니까?

16) 지적하신 문제점을 해결하기 위해 어떠한 방안이 필요하다고 생각하십니까?

* 통계를 위해 몇 가지 더 질문합니다.

현재 거주하시는 지역은 어느 곳입니까? (구체적으로)

출생년도는?

성별은?

현지 체류 자격은 무엇입니까?

(취업, 유학, 영주권, 시민권, 기타)

- 설문에 응해 주셔서 대단히 감사합니다 -

재외선거의 두 얼굴

2015년 11월 15일 초판 1쇄 찍음
2015년 11월 25일 초판 1쇄 펴냄

지은이 송기원

펴낸이 이상
펴낸곳 가갸날
주 소 10386 경기도 고양시 일산서구 강선로 49 BYC 402호
전 화 070 8806 4062
팩 스 0303 3443 4062
이메일 gagyapub@naver.com
블로그 blog.naver.com/gagyapub

ISBN 979-11-956350-3-0 03340

이 도서의 국립중앙도서관 출판예정도서목록(CIP)은 서지정보유통지원시스템 홈페이지(http://seoji.nl.go.
kr)와 국가자료공동목록시스템(http://www.nl.go.kr/kolisnet)에서 이용하실 수 있습니다. (CIP제어번호 :
CIP2015029579)

이 책은 홍성현 언론기금의 지원을 받아 저술 출판되었습니다.